基于核心素养的
初中物理教学实践

巨晓红 ——— 编著

吉林人民出版社

图书在版编目（CIP）数据

基于核心素养的初中物理教学实践 / 巨晓红编著
. — 长春：吉林人民出版社，2021.8
ISBN 978-7-206-18362-1

Ⅰ.①基… Ⅱ.①巨… Ⅲ.①中学物理课—教学研究
—初中 Ⅳ.①G633.72

中国版本图书馆CIP数据核字（2021）第159731号

基于核心素养的初中物理教学实践
YIYU HEXIN SUYANG DE CHUZHONG WULI JIAOXUE SHIJIAN

编　　著：巨晓红　　　　　　封面设计：姜　龙
责任编辑：王　丹
吉林人民出版社出版发行（长春市人民大街7548号　　邮政编码：130022）
印　　刷：北京政采印刷服务有限公司
开　　本：787mm×1092mm　　　1/16
印　　张：13.5　　　　　　字　　数：230千字
标准书号：ISBN 978-7-206-18362-1
版　　次：2021年8月第1版　　印　　次：2021年8月第1次印刷
定　　价：45.00元

　　百年大计，教育为本。随着新课标理念的逐步深化，核心素养跃升为我国基础教育界的新热点，成为大家眼中借以深化基础教育课程改革、落实素质教育目标的关键要素。培养学生的核心素养也因此逐渐成为当今教育工作者的主要任务之一。学生的核心素养就是学生在接受相应学段的教育过程中，逐步形成的适应个人终身发展和社会发展需要的正确价值观念、必备品格和关键能力。物理作为一门基础学科，引领着现代科技的进步，物理教学要把培养学生身心健康作为首要目标，注重培养学生终身学习的能力，要为学生打下走向社会的基础，尤其需要在知识建构的过程中下功夫。而这些都能够通过物理核心素养的培养来实现。物理核心素养的提出，不仅肯定了物理教学的育人功能，更极大地顺应了教育发展的必然趋势。

　　本书内容共八章，第一、第二章是对核心素养与物理教学相关概念与理论的阐述；第三至八章分别从物理教学设计、实验教学、物理概念教学、科学思维的培养及教学、科学探究教学、科学态度与责任培养的教学几个方面展开论述，结构完整、内容全面，理论与实践并重。本书对广大初中物理教师提升教学效率，培养学生物理核心素养有很好的指导作用，适合广大一线物理教师使用，并可作为教育管理者和研究者的参考用书。

　　在编撰过程中，笔者参阅了部分相关研究成果，并对其中一些观点进行了引用，在此对其研究者表示衷心的感谢！由于时间仓促，笔者精力有限，书中难免存在一些不足之处，敬请各位同行和广大读者予以批评指正。

第一章

绪 论

第一节　核心素养的形成及内涵

一、核心素养

（一）素质与素养

1. 素质

心理学中，素质是个体心理所具备的基本特征和品质，是能力形成和发展的前提条件之一。而现代意义上的素质概念，广义上是指人的总体发展水平，是人的思想、行为的具体表现。在教育学中，素质是一个发展的概念，是经过后天的培养形成的一种比较稳定的身心发展的基本品质。因此，素质是可以通过个体自身的认识和社会实践来改变的。当前对于素质的结构没有统一的定论，具有代表性的观点有以下几种：第一种观念是二分法，持这种看法的人认为素质包括生理和心理两方面，即身体素质和心理素质。第二种观点是三层次说，这一部分人将素质分为生理素质、心理素质和社会文化素质。第三种观点是五成分说，依据传统的德、智、体、美、劳五育，将素质划分为品德、智能、身体、审美及劳动技能素质，或者将素质分为身体、心理、文化、道德及思想政治素质。无论哪一种分法，都体现了内在与外在的统一，体现了全面、和谐的特点。

2. 素养

在对"素养"进行研究的众多学者中，汉字学家流沙河从"素"的本义出发，将其解释为"缫成的帛，色白净，质密致，曰素"。在大众视野中，素就是净、雅，不掺杂任何其他颜色的修饰，也可以将其理解为本色、天然之色。素广泛存在于我们的生活中，如元素，这是构成事物的最基本的成分；素材，是艺术创作之源，来自生活的本来面貌，也是最原始的材料……所以，素是万事万物的本质。而"养"始于生命孕育之时，存在于成长的每一个阶段。在各个阶段中，养所体现出的是精心呵护与照料，是付出与关照。这种付出与照料，不仅需要时间与精力的投入，更需要情感与意念的加持。养的过程，是一个不断给予、内化、凝聚、外显并实践的过程。

所以，从"素"与"养"的结合中，便可以将"素养"理解为：在个体天生潜质的基础上，经过后天漫长的引导与培养，而使人散发出的独特精神气度。通常，人们习惯将素质归于智力方面，而将素养归于精神方面，所以才有了"素质启脑，而素养启心"之说。由此便自然而然地将素养与人性、人格、品质联系在一起。对素养的培养，便是对人性、人格的要求。人们常说"江山易改，本性难移"，这就说明一个人的人格品质是稳定的。由此可见，素养是"一个人内在的稳定品质与生命涵养，是综合了知识、能力、行为习惯等各方面人格特征的集中反映"。以上观念的提出，与中国传统文化一脉相承。

另一种素养概念的提出，是建立在张华教授对欧盟、美国关于素养概念界定的总结与分析基础之上。素养被界定为："素养是人在特定情境中综合运用知识、技能和态度解决问题的高级能力与人性能力。"其最大的不同在于结合了西方教育理论与教育发展。这种界定强调了高级能力（即面对复杂情境时，明智又富有创造性的分析、决策、行动能力）及人性能力，强调素养要包括道德。但从这一点来看，无论是立足于中国的传统文化还是西方教育理论，所提出的素养概念是共通的，且对素养的认识是较为明晰的。其一，肯定了人的天赋和潜能，并将其视为素养的基础；其二，对于"素养"而言，素是基础，养是关键。在养的过程中要突出人文关怀，强调情感的投入，重视对人性、人格的启迪，要形成态度、养成道德；其三，素养所体现的不是刻板的知识与技能，而是具有灵性的，是应对各种复杂情境所表现出的发散思维、多维判断与创造性解决；其四，素养不仅在于外在的培养，更在于自我塑造，只有通过学习并进行领悟、升华后形成的稳定的心理品质才能称为素养。

（二）核心素养

如前所述，"核心素养"是在时代与科技变革、经济与社会发展及教育自身的发展驱动下产生的。现代社会给现代人提出了各种各样的素养，比如语言素养、学习素养、信息素养、科学素养、人文素养、健康素养、实践素养等。素养是在天赋的基础上，持续生命历程的人性、能力、品质的发展，是可以不断生成并扩张的，以动态的网络化的方式存在的，那么各种素养则是素养体系的网络节点。核心，即中心，是事物之间关系的主要部分。

从字面来看，核心素养即为众多素养中最中心、最基础、最关键的素养。由此可见，核心素养则是素养网络中最关键的节点，连通了素养网络中的其他节点。因此，张华教授将核心素养界定为：核心素养是人适应信息时代和知识社会的需要，解决复杂问题和适应不可测情境的高级能力与人性能力。林崇德综合世界各个国家和地区及国际组织对核心素养概念内涵的界定，同时考虑到不同学科对核心素养的研究，以及我国的现实需求和教育实际，将核心素养界定为：核心素养是学生在接受相应学段的教育过程中，逐渐形成的适应个人终身发展和社会发展需要的必备品格与关键能力。可以看出，张华教授对核心素养的定义揭示了"核心素养"这个概念提出的时代背景，并且特别强调了复杂问题和不可预测的情境，而林崇德教授是针对学生发展来定义核心素养的，强调人的终身发展和社会发展。

由上面的阐述，关于核心素养我们必须认识到：首先，核心素养是在先天潜能或天赋的基础上，通过接受教育等受后天环境的影响逐渐得以形成和发展的；其次，核心素养既要适应个人终身发展的需求，又要满足社会发展的需要，同时具有个人价值和社会价值，是众多素养中的关键素养，具有基础性、关键性、连通性等特征；最后，核心素养是必备品格与关键能力。品格，体现了人的基本素质，是个人生命的品质和价值，体现了个人整体的精神境界和高度；而关键能力是面向不同岗位、不同情境都能动的、富有创造性的分析、判断、决策并行动的能力。

二、核心素养与学科课程教学的关系

从核心素养的内涵可以看出，核心素养所涵盖的内容是多方面的，是核心知识、核心能力，乃至核心品质的综合性概括。虽然这三者是构成核心素养不可或缺的元素，但核心素养的形成并不是这三者的简单相加。在学校教育中，需要教师在备课时，基于素养的培养，给予教学准确的定位，并从素养提升的高度，组织和设计教学活动。由此可以看出，核心素养与学科教学有着极为紧密的联系。

（一）核心素养指导、引领和辐射学科课程教学

学科教学的任务是什么？这一问题始终是教育界所研究的重要课题。北师大肖川教授认为：教学应为素养而教，即为学生素养及能力的提升服务，重在育人，而不是为学科而教。将教育局限于知识本位，过于注重知识与学科内容的做法，不利于学生的长远发展，禁锢了学生的思维，阻碍了其视野的开阔及思维的活跃性，不利于具有丰富文化素养和哲学气质人才的培养。

从中可以看出核心素养对于学科课程教学的指导、引领和辐射作用。一般来说，任何知识结构，都具有两个层次，即表层和深层。表层结构的知识，所体现的是表层意义，即语言文字符号所直接表述的学科内容（概念、命题、理论等）；与之相对的便是知识结构的深层意义，即蕴含在学科知识内容和意义之中或背后的精神、价值、方法论、生活意义（文化意义）等。表层结构（意义）以知识的显性、逻辑性（系统的）为基本的存在方式；深层结构（意义）则以隐性的、渗透的（分散的）知识而存在，是学生素养形成和发展的根本（决定性的东西）。所以，核心素养对教学具有引领作用，以育人为学校教育的价值取向，确保学科教学为促进人的全面发展服务。

（二）学科课程教学的实施有助于核心素养的培养

长久以来，我国学科教学的目的始终以学生对知识的理解和掌握为主，然而随着社会的发展以及人们认识水平的提升，人们对教育有了新的认识。任何学科的教学都不能仅仅是为了获得知识和技能，而更重要的应该是深层次的，包括关注学生的思想意识、精神追求、思维能力、生活方法等，加强教育向这些方面的倾斜。这就要求学科教学应具有文化意义、思维意义、价值意义，而这些无不以人为出发点，体现着对人的尊重，这样的教学被赋予人的意义。

基于这一点，教育功能的发挥对于核心素养的形成与提升有着重要影响，即核心素养的达成依赖学科育人功能的发挥。就内容而言，知识、技能和态度是核心素养的综合表现，而这些要素可通过科学课程得以实现，现代教育理念强调教学中对过程与方法、知识与能力，以及情感态度及价值观的培养，从这一方面来看，学科课程教学过程有助于实现核心素养的提升。因此，在学科课程教学中，应自觉地树立核心素养的意识，将其与教学活动有机融合，从而达到培养学生核心素养的目的。

（三）核心素养的培养有利于学科综合的形成

对于我国现代化教育改革而言，其目的是培养适应社会要求的全面发展的人才。"全面发展的人"，是对核心素养所指向的"教育要培养什么样的人"这一问题的解答。核心素养，对人的要求不仅是知识上的，还包括能力与技能乃至态度及精神方面，其范畴超越了行为主义层面的能力。

尽管现代化教育理念早已深入人心，但在实际教学中，仍存在各学科各行其是的现象。对于不同学科的教学，有些学校过于重视学科知识和技能的传授，对于教学的其他目标，如情感态度、方法等，虽也有涉及，但对其重视程度远低于知识与技能的学习。与此同时，各学科的教学还存在一些共同点，如在构成核心素养的众多元素中，语言素养是不容忽视的一部分，是沟通交流能力的基础。语言素养存在于不同学科教学中，是各学科的共同素养，而非语文学科所专属。

基于以上观点，可以看出，核心素养没有学科的界限。在核心素养体系的引导下，各学科相互促进，有助于各学科教学实现统筹统整，为学生综合能力的提升奠定了基础。

三、核心素养的培养原则

（一）系统设计原则

在素质教育不断推进的时代背景下，核心素养的培养成为当前人才培养的一个重要方向，指导着学校教育教学的改革。学科核心素养贯穿于学科教学的始终，是核心素养培养的关键。学科核心素养培养的内容与学科内容以及学科目标有着直接的关系，学科不同，其核心素养也不同，但是任何学科的核心素养的培养，其大的方向是一样的，即聚焦学科最核心的知识、方法、思维。

教学活动是一个系统的过程，从课程标准到学科知识的教学都需要以学科特点为基础，同时兼顾学科知识，通过由浅入深、逐步深化来编排。学科核心素养对于学科教学有着重要的指导意义。因而，从核心素养层面进行教学设计是现代教学设计发展的必然趋势。需要立足于核心素养，进行课程知识的分析、学科内容的理解，在核心素养理念意识的指导下，进行系统的教学内容的分析，将核心素养的培养渗透于教学，并强化其地位，使核心素养的培养在教学的各个环节都得到落实。

核心素养的培养，不是一蹴而就的效应，对核心素养的培养往往需要经过学期或者学年的培养来建构，甚至有的学科核心素养还需要跨阶段来实现。这就意味着核心素养的培养，离不开科学内容的系统设计，促使核心素养的培养有计划、有步骤。首先，需要在核心素养理念的指导下分析学科课程，确定以核心素养的培养为基础的课程主题。进而围绕这一主题，分析课程章节主题，进而进行逐一教学，这是一条从宏观到微观进行学科核心素养培养的系统化设计路线。其次，有针对性地对核心素养所集中的课程内容进行全面分析与系统设计，包括知识内容的分析、教学目标的设定、教学过程的设计等，这些都要围绕核心素养的培养理念展开。

（二）课时积累原则

核心素养的培养离不开学科的教学过程，它贯穿于教学活动的每一个环节及每一个阶段，是一个系统化的过程。而学校教育的每一个阶段又包含着一系列课程，课程的教学是通过特定课时的累积完成的，因而，基于核心素养培养的特点，它的形成也应体现课时累积的原则。如果将核心素养的构建视为一座大厦，课时便是建成大厦的砖瓦，只有不断累积，在每一课时中都强化核心素养的培养，当达到一定的程度时，才能看到成效，核心素养的体系才能被成功构建。

需要强调的是，课时核心素养的培养，必须以整体素养的构建为指导，这就如同建造高楼大厦，只有明确大厦的规划，并以此为依据，指导砖瓦的摆放，才能保证所建大厦不偏离规划要求。对于教学过程中的主次重点，需要从核心素养的培养出发来把握课时。课时的教学不是独立的，是在一个主题对应的章节中相互联系，促进理解与深化的。基于核心素养培养的教学，需要注重以章节为单位的课时教学，并将其视为章节目标达成的主要途径，通过课时学习的有效积累，促进核心素养的构建。

（三）启发性原则

培养学生的物理学科核心素养要求学生主动学习、积极思维，提高学生的思维品质。教学中要"道而弗牵，强而弗抑，开而弗答"，要善于提问或者善于创设问题情境引导学生提问；让学生通过思考、探索、推理形成自己的观点看法，在获取知识的过程中"不愤不启，不悱不发"，强调学生独立思考，发散思维。再通过论证、总结、反思、评估，帮助他们对知识做出正确、科学的表述。启发性作为一种原则，是所有的教学方式都应该遵守的，而不仅仅适用于某种教学模式。启发指向体会、思考、感受，不仅有利于思维品质的提高，也对科学品质的培养有非常重要的意义。

（四）生活性原则

这一原则是与物理学的特点、价值紧密联系的，物理学的教学不能与生活相割裂。生活性原则要求教师、学生要关注与物理相关的生活现象，将生活现象带入物理课堂进行研究或者将物理知识带入生活解释生活现象。将生活与物理课堂结合起来，有助于提高学生的学习兴趣，增强学生对物理现象、生活现象的好奇心及求知欲，也能培养学生对科学和技术应有的态度和责任感，体现"物理源于生活，寓于生活，用于生活"。

（五）方法多元化原则

教学有法但教无定法，受多种教育理论的影响，现在的教学方法多种多样，如讲授法、自主学习法、讨论式教学法、问题式教学法、探究式学习法、同伴学习法、实验法、任务驱动教学法、分层教学法、练习法等等。每种教学方法都有各自的优点和不足，教师应该批判性地对待，应该根据每种教学法的特点，结合具体的教学内容、教学目标、教学条件等进行合理的选择或者相互配合，采用多元化的教学方式培养学生的物理学科核心素养。但无论采用哪种方法，都要以学生为本，且体现教学的启发性、生活性以及知识的建构性。

四、评价方法的选择

评价的目的在于对学习效果的考察。评价的方式是多样的，通常包括纸笔测试、活动表现性评价等。纸笔测试是一种较为常见，且被广泛运用的评价方式。随着人才观培养的变化，人们越来越注重真实情境中开放性、综合性问题的设置，更加注重思维、能力的考查。在核心素养培养的问题上，知识的学习是绕不开的话题，核心素养的培养过程，即是知识的学习过程。更加注重知识在获取与运用基础上能力、态度、思维等的发展。

基于量变引起质变的原理。知识达到一定程度的积累，就会发生质的变化。所以，纸笔测试，不仅要注重对学生知识量的考查，还要兼顾知识的质性发展。测试中对于解决过程性问题的设置，不仅能够展示学生对知识的掌握与理解程度，还能够考查学生运用知识解决实际问题的思维方式与能力。因而，纸笔测试对于核心素养的培养有着积极意义，也是其他评价模式无法比拟的。

对于另一种评价模式——表现性评价，它是一种全新的评价方式。对于表现性评价，可以从广义和狭义两方面来理解。广义上的表现性评价，是指贯穿于平时的教学活动之中，对学习者进行的任意形式的一种评价活动，是一种形成性评价或称为阶段性评价；狭义上的表现性评价，是基于特定的学习内容，对学习者的学习结果进行有目的、有组织的评价活动。

活动表现性评价，贯穿于学习者完成学习任务的全过程，通过对过程与结果的分析，掌握学生思维的过程。具体情境下学生的表现能体现学生在解决问题中对知识的综合运用及迁移能力。虽然表现性评价是一种不受拘束的评价方式，但为确保评价的科学性与有效性，必须以明确的评价目标为前提。与此同时，还需要提出问题情境的综合性、开放性与实践性，此外，贴近学生生活与符合教学内容，也是必不可少的。

第二节　物理学科核心素养

人们最早对"素养"的关注，源于经济合作与发展组织（OECD）自1997年起所进行的为期近九年的"素养的界定与遴选：理论和概念基础"专题研究。其中，将素养界定为："个体在特定情况下，能够满足复杂情境的要求与挑战，并获得成功及优质生活所需要的品质。"

从中可以看出，素养是一种被赋予了认知、技能与情感的复合概念。这一复合性的概念，不仅是能力上的体现，更重要的是体现在思想道德上，可以说，素养是知识、能力、态度的有机整合。基于这一点，人们可以通过后天的努力以及条件的创造，来提高自身素养。

核心素养便是基于素养的概念而提出的，它是素养中最关键、居于核心地位的部分。素养是每一个社会人都应该具备的品质与能力，而核心素养是必备的。核心素养是一个人获得成功生活与功能健全社会所必须具备而不可或缺的"关键素养""必要素养"。

一、物理学科核心素养

物理学科核心素养是在物理学习过程中所形成的适应个人成长及社会发展所需要的核心知识、关键能力以及必备品质，是学生在物理知识的学习及知识的内化后所形成的具有物理学科特质的素养。基于物理学科的特点，构成物理学科核心素养的要素包括物理概念、科学思维、科学探究、科学态度与责任，对物理学科核心素养的培养，离不开以学生发展为中心的核心素养的培养，在此基础上，需要体现物理学科的教育价值。在当前素质教育与教育改革浪潮的驱动下，我国基础教育阶段的物理课程已将核心素养作为一项重要的教育目标来贯彻，并将其作为引领课程、教材与教学的改革方向。

二、物理学科核心素养要素

（一）物理概念

观念是人们对客观事物的认识，这种认识包括主观与客观两方面。个人的观念反映的是客观事物在人脑中的反映。所以，对于个人来说，成长过程中所形成的观念对人的认识有着极大的影响，可以说人们观察事物的视角、思维方式，都直接受其影响。甚至它还决定着人的价值取向、生活方式，乃至为人处事的方式等。

生活中，我们每一个人都经历着新观念的形成，以及旧观念不断更新的反复更替。对于物理概念而言，对物理基本理论的建立，基本观念是必不可少的。以物理课本中的复杂公式为例，虽然公式是构成物理知识的重要组成部分，但重要物理理论的提出，并不依赖于公式，而是源于观念。同样，物理概念与规律，也是构成物理学的重要成分，是教学的基石，但物理教学并不是为了记忆概念而教概念，其价值在于通过对概念的理解，达到灵活运用的目的。概念对于学生而言，不应该是一个呆板的、靠死记硬背的内容，也不是在考试中凭借记忆对公式的套用。真正意义上的物理教学，是通过对物理事实、原理、概念、规律的教学，让学生在对基本的原理、规律、概念认识的基础上，通过概括与归纳，将其内化于心，通过加工与提炼，使其升华，学会从物理的、科学的视角，形成对自然界中万事万物运动机理及其相互作用的认识。通过这一系列的活动，旨在为学生从物理学的视角，运用物理学的知识解释自然现象、生活现象，解决实际问题打下基础。

马克思主义哲学观认为，人类社会是物质世界长期发展的产物。辩证唯物主义认为，物质是能为人的意识所反映的客观存在。因而，世界真正的统一性在于它的物质性。而事物是不断变化发展的，物质世界也同样处于变化发展之中，运动是物质的根本属性和存在方式。与此同时，事物普遍联系的观点又说明运动与物质是相互联系的，运动离不开物质。结合物理学的概念，物理学是研究物质的基本结构、物质运动和物质相互作用规律的一门基础科学。由此可以看出，学习物理，能够让学生至少明白三种最基本的物理概念。具体如下。

1. 物质观

依据马克思主义哲学，自然界一切事物都是客观存在的物质世界。世界是物质的世界，物质性是其基本属性。因而，形成正确的物质观无论是对于物理的学习，还是认识客观世界都是极为必要的。

2. 运动观

马克思主义哲学观认为事物是运动变化的。运动存在于世间万物的一切变化和过程之中，是物质的固有属性及存在方式。而任何事物的发展变化都是有规律可循的，规律具有客观性和普遍性，运动也不例外。通过研究物质的运动及运动规律，能够掌握并预测事物的变化。

3. 相互作用观

马克思主义哲学观认为，事物是普遍联系的，在运动中相互作用。正是基于这种相互联系的作用，才形成了物质的运动、变化和发展。通过研究物体间的相互作用，有助于促使学生对物质的形成有一定的认识。

（二）科学思维

人们常用"才思敏捷"来形容一个人的聪慧，足以见得思维之于人的作用，思维与人的智力有着直接的关系。发展人的思维品质是提高个人能力和智力的关键。思维是人的主观意识对客观事物的间接、概括的反映。思维的产生，离不开人的感觉、知觉以及客观事物，是一种高级的认知过程。因而，需要强化思维培养的意识，尤其是在学校教育阶段，要重视对学生思维意识的培养。在教学过程中，不仅要注重培养学生思维的逻辑性、灵活性与敏捷性，还要注重思维的广阔性与深刻性、思维的独立性与批判性的培养。

科学思维，是建立在科学探究与论证基础上的，从物理学的视角所形成的对客观世界的本真认识，以及对客观事物的本质属性、内在规律及事物间相互联系与作用的间接、概括和建构的反应。思维的过程，即是从实到虚，从事实到理想模型的抽象概括过程，是基于事实证据和科学推理对不同的观点和结论提出质疑、批判、检验和修正，进而提出创造性见解的能力与品质。由此，构建模型、科学推理、科学论证及质疑创新构成了科学思维的基本要素。

1. 构建模型

模型与客观事物之间存在着必然的联系，它的形成是建立在对客观事物进行科学概括的基础上，在概括出事物的本质特征后所抽象出的一种对事物的简化反应。由此，透过模型就可以直观而鲜明地反映客观事物。模型对于科学内容来说，就具有了解释、预见、发现和启示的功能。通过模型，能够将抽象的事物转化为具体的、形象的，将深奥的、不易于理解的科学概念、理论等以具体的形式表现出来，便于概念、理论的理解。正如T. S. 库恩（T. S. Kuhn）所说："科学研究的本质即建立理论和模型以不断加深对自然本质的理解。"

物理学是一门抽象的学科，模型的建构对于物理的学习有着积极的促进作用。对物理学的学习，必须树立模型建构的意识，了解常见的物理模型，并能够根据具体的情境建立合适的模型，这对于学生思维品质的发展极为重要。在物理学习中，根据学生对物理模型以及问题情境是否熟悉，将模型与问题情境的解决分为几下几种形式：其一，运用所熟悉的物理模型解决熟悉的问题情境；其二，在陌生的问题情境中建立陌生的物理模型；其三，在陌生的物理情境中建立熟悉的物理模型。而这些，都要求学生必须掌握一定的物理模型。

2. 科学推理

推理的过程，可分为演绎和归纳，因而，演绎和归纳也是推理的两种类型。演绎推理与归纳推理的区别在于，前者是根据前提得出必然性结论的推理；而后者得出的是或然性结论的推理。在推理过程中，对规律的尊重是必然的，但也不能忽视对证据的重视。证据是进行推理必不可少的要素，是推理的基础。

对于中学生而言，他们所进行的科学推理，从本质上看，就是基于证据所进行的实质性推理。对于学生推理能力的评判，有赖于学生将已有的知识经验和探索发现的已知条件运用于新的情境的实际。由此可见，培养推理能力，首先必须具备一定的知识和经验的积累，所以对于学生而言，知识的储备很重要。此外，教师还应该教给学生一些基本的逻辑规则，并让学生知晓证据在推理中的重要性。

物理学是一门研究科学、重在推理的学科，推理对于物理学至关重要，是解决物理问题的必备要素。推理同样也是证明、论证及求解的必经过程，是获取新知识及分析、解决问题的必备环节。

3. 科学论证

论证是一个辩证的过程，它是个体在面对未知问题时，给予证据和理由建构主张，利用反驳、劝说等形式向他人辩护自己主张的合理性实践。论证的出发点和归宿，都离不开真实的证据及有效的推理。所以，进行科学的论证，必须保证三点，即证据的真实性、推理的有效性、观点的正确性。论证的过程，难免会遇到与自己观点或主张相违背的情形，所以，在与他人争辩的过程中，不仅要强调对自己所持观点进行有效辩护，所阐述的证据或推理的过程要正确、详细，还要表述清楚，不能含糊其辞，而且还应该尊重他人不同的观点，与此同时，在不同的观点中做出权衡，在协商中解决意见冲突。

科学论证是论证形式的具体化，它是对自然界中的未知事物或现象进行的论证，是科学家在面对未知问题时，利用反驳或劝说等形式向他人灌输自己建立在科学证据和理由基础上的科学主张的合理性实践。

科学论证是一种重要的科学实践形式，是开展科学工作不可或缺的，也是重要形式之一。物理学是探究科学的学科，因此，科学论证是物理教学所必需的。在科学论证中，难免会存在意识上的冲突，解决冲突的过程，就是内化知识的过程，让学生感受到已有知识的不足，进而认识到替换或调整已有概念的必要性。进行科学的论证，需要学生具备一定的知识储备，同时，还需要在论证的过程中，详细地阐述自己所建构主张的步骤和逻辑，让他人理解并认同科学知识的产生过程。科学论证是物理学习思维能力形成的关键，同时也有助于发展学生科学探究能力，促进学生科学观念的形成，促进合作意识的锻炼与提升。

4. 质疑创新

"学起于思，思源于疑"，由此可见，质疑是难能可贵的一种品质。所谓质疑，是基于个人已有的知识，对已有的现象或结论提出疑问。质疑并不是毫无根据的臆想，而是根据自身的知识储备，对已有现象或观点提出有理有据的理性思考。

但质疑并不是目的，疑问的提出在于保证知识的准确性。除此之外，质疑还是探索的起点。只有心中存疑，才会为了释疑而采取一系列的方法，在刨根究底的过程中不断地提炼证据、探究问题，从而获取大量资料，并通过推理形成自己的观点，在论证中阐述自己的主张。

在这一过程中，不仅得到了准确的答案，也在寻找答案的过程中获得了新的知识，与此同时，锻炼了自身的探究能力与思维品质。从某一角度来说，质疑可以理解为是对已有知识、理论、观点的不认可，是在深入推敲的基础上，对原有认识的解构，但这并不是目的，质疑不能随着原有知识的解构而消失，相反，质疑的目的是在已被解构的知识体系上，建构新的知识体系。

质疑所体现的是一种特质，即思维的灵活性与深刻性；此外，质疑还体现出一种态度和精神，即一种不人云亦云、不盲从的态度，一种敢于挑战权威、打破陈旧的精神。与此同时，质疑还体现出一个人思维的开放性和创造性。只有具备质疑的精神，才能打破常规、开拓创新。质疑是创新人才必备的品质。

（三）科学探究

探究精神是现代人才所必备的一种品质。现代教育理念强调培养学生的探究能力，探究式教学已成为当前学校教育的重要教学模式之一。探究式教学是将科学领域的探究引入课堂，在感受和领悟科学家的探究精神的过程中，理解科学的概念和本质，从而自觉增强探究意识，培养探究能力。研究表明，学生对于物理知识学习时所表现出的认识规律与探究式的教学相符合。这样，学生在科学探究的过程中，就能够与物理学科的探究本质保持一致，这与物理学的本质特征是相符的。即物理学是在不断追求认识统一性的探究过程中发展起来的，物理研究要在科学探究的过程中寻找事物的本质特征与统一规律。科学探究成为物理教学不可或缺的一部分，成为物理教学的重要内容和教学方式；与此同时，科学探究还是学生必备的一大素养。

尽管目前科学探究已成为国内外炙手可热的一项研究课题，科学探究本身也没有既定的模式，但通过综合不同研究者的研究结果，可发现不同学者对科学探究的一大共性。物理教育将科学探究界定为："科学探究是提出科学问题、形成猜想和假设、设计实验与制订方案、获取和处理信息、基于证据得出结论并做出解释，以及对科学探究过程的结果进行交流、评估、反思的能力。"科学探究素养的形成是一个漫长而持续的积累过程。在不同的学习阶段，教师应根据学生的特点及能力水平选择合适的探究方式，加强科学探究素养的培养。

（四）科学态度与责任

态度是人评价某一事物时所表现出的某种心理倾向。这种心理倾向依赖于主体对客体一定程度上的认知、情感和行为意向，态度取决于这三大因素的统一。认知成分是指个体对态度对象具有的评价意义的观念；情感成分是指个体对态度对象认识的基础上进行评价而产生的内心体验；行为倾向是个体对态度对象准备做出某种反应的倾向。对于科学态度，也应从认知、情感及行为倾向三个角度来理解。

1. 科学本质

科学即是探讨客观世界的本源性问题，是对科学本体论的探讨。科学课程的设置，应建立在对科学本质认识的基础之上。对学生科学态度与责任的培养，首先必须引导学生认识科学的本质。事物是运动变化的，科学的本质也是随着研究的深入而不断发展和完善的。加之辩证唯物主义事物普遍联系的观点，对于科学研究而言，科学的研究与发展必然涉及人与自然、人与社会的关系。因而，在以科学探究为核心的物理教学中，需要加强学生间的合作、增强科学探究意识、重视物理知识的建构，除此之外，还需要建立学生对物理学史，以及物理学与其他学科的联系，这对于学生形成科学态度与社会责任意义重大。

2. 科学（Science）·技术（Technology）·社会（Society）·环境（Environment）（以下简称"STSE"）

STSE相互间是密切联系的。科学与研究离不开一定的社会环境，社会提供科学研究所需要的环境；而科学研究的理论、知识、规律等并不是直接作用于社会，也就是说，技术才是科学与社会的纽带。科学提供的原理、规律、知识等转化为技术，技术影响生产力的变革，引起社会的变化。人类通过科学增加了对社会的认知，而技术又成为科学转化为生产力的中介，只有将科学的知识、理论转化为技术，才能最大限度地发挥科学的价值，为人类社会创造财富，推动社会的变革与发展。然而不可否认，伴随着科学的发展，人类环境也会发生一系列变化，诸如环境污染、水土流失、生态破坏、能源短缺等，在环境日益恶化的进程中，人类已意识到环境的重要性，由此，提出了科学发展与环境的关系，即在发展科学与技术的同时，要注意社会和环境的保护。可以说，人类发展的历史实际上是STSE彼此间相互促进、互为制约的过程，也是和谐共生、持续发展的结果。

在物理教学中培养学生的科学态度与责任意识，就需要加强学生对STSE关系的认识，既让学生明白科学与技术对于社会的作用，也要让学生认识到学科技术对环境的影响，培养学生人与自然和谐发展的可持续理念。

3. 科学态度与社会责任

科学态度是探究科学本质所必须具备的一种品质。科学态度对人的影响是方方面面的。首先，在情绪上，影响主体对客体的体验；其次，在行动上，影响个体行为的方向性和对象的调节性，进而影响信息的接收、理解与组织，还会影响主体的投入状态。所以，在物理教学中，需要培养学生养成以下科学态度：

其一，"知之者不如好之者，好之者不如乐之者"，一语道出热爱对于科学态度养成的重要性。只有对科学及科学探究感兴趣，才能在求知欲的驱动下养成科学的态度。其二，"独学而无友，则孤陋寡闻"，由此可见与人合作的重要性。科学态度的形成，需要培养学生的交流意识和合作精神，让学生在科学探究中与人讨论。其三，"知之为知之，不知为不知"，说明需要尊重客观事实，实事求是是科学态度的一大品质。其表现为维护客观事实，不弄虚作假，敢于接受实践的检验。其四，"锲而不舍，金石可镂"，所呈现的是一种持之以恒的顽强精神，自强不息是科学态度所必备的又一品质。其五，"天下兴亡，匹夫有责"，意味着强烈的民族情感是科学态度的基石，需要培养学生树立为社会发展、国家繁荣而努力的志向，将所学知识服务于人类社会的社会责任感。

在物理学习过程中，需要加强学生对物理知识的吸收、内化，让学生对物理知识以及物理学本质形成客观的认识，并形成正确的物理观。物理教学的过程，是引导学生科学探究及科学思维的过程，在这一过程中，学生的探究意识及思维能力都相应地得到了锻炼，有助于其对具体问题科学而有效的解决。除此之外，物理教学鼓励学生尊重客观事实，培养学生养成勇敢无畏、持之以恒的精神品质，对于学生的影响是深远的，能够指引学生克服生活中的困难，面对挫折与失败，能够保持积极乐观的生活态度。

总而言之，物理学科核心素养，对于学生科学知识的学习及科学精神的培养，以及正确价值观的形成有着积极的促进作用。对物理核心素养的培养，是培养学生核心素养的必经之路。

第三节 核心素养与三维目标的关系

一、三维目标的内涵

在笔者看来，可以从知识整体性角度来认识三维目标。知识是人类在生产生活中所积累的经验的总结，是人类的物质财富和精神财富，这些经验经过科学和实践的检验，再被抽象化、符号化，最终成为知识。人类是知识的创造者和使用者，知识来源于实践，最终又被应用于指导实践，在这一知识的转化和迁移中，知识的价值得以实现，成为真正意义上的知识。那如何理解技能呢？知识与技能间又包含着怎样的关系呢？

从认知心理学角度来看，根据知识表现形式的不同，可将知识划分为陈述性知识和程序性知识。三维目标中第一维度的知识便属于陈述性知识，是事物的本质属性和内部联系在人脑的反应；技能属于程序性知识，是完成任务的一种可操作性方式或程序在人脑的反应。

通过比较可以发现，知识与技能并没有本质上的区别，从某种程度上来说，技能实际上可以作为一种知识，是知识的另一种形式。由此，可以认为知识与技能目标是知识内容上的具体表现。人在获取知识的同时，伴随着对知识形成所进行的思维方式和方法。从中能够看到，知识与技能目标的达成，蕴含着与之相适的过程与方法。

从认知和方法论的角度来看，可认为是认知思维的操作和体验，即"运用记忆、理解、分析、评价、创造的认知思维完成知识、技能向能力的转化过程"，是学生通过知识的学习，在对知识的理解与运用中，掌握分析问题、解决问题的方式方法的能力转化过程。这与人类创造知识并将其用于解决问题是相符的。"过程"是问题解决的过程，"方法"是解决问题的思维方式和行为。所以，过程与方法目标可作为三维目标的第二维，将其表述为学习和理解知识的内在形式，包括思考方式、表达方式及解决问题的各种方法。

人类在学习知识的过程中，需要体会和感悟隐藏在知识背后被人们所赋予的情感、态度、价值观。任何学科，在其知识的每一个环节，都与之对应着一定的自然、社会及人类的情感态度价值观，所以，对知识的学习，不仅在于掌握知识本身，更在于了解知识的形成过程，并从知识形成的过程中感悟其所蕴含的情感态度。这种"情感""态度""价值观"是人类创造知识时所分别表现出的内心情感、某种行为反应倾向以及某种稳定的认知。

基于此，不难看出，情感、态度与价值观三者是相互联系的整体，作为三维目标中的第三个维度。这一维度的达成，一方面离不开前两个维度的有效运行，另一方面又能提升前两个维度的价值和意义，三个维度共同作用于学生核心素养。

二、"三维目标"的产生背景及原因

随着科学的发展以及人类认知水平的不断提升，人类对教育教学的研究不断深化，各种理论层出不穷。教育问题关系着国计民生，我国对教育的关注力度也在不断地强化中。立足于我国实际，我国加快了教育改革的步伐。基于美国认知学派心理学家本杰明·布鲁姆所提出的教育目标分类学，我国第八次基础教育改革提出了"三维目标"的教育教学理念，并以此来规范学科教学目标。可以看出，我国三维目标教育教学理念符合我国的教育实际，与布鲁姆的教育目标分类学有着很大的不同，但是从某种程度上来说，布鲁姆的教育目标分类学为我国三维目标教育理念的提出奠定了理论基础。

从以往的教育改革中，我们可以发现这样一个规律，即改革的重点从教育制度转向了教育内容。对于现阶段的教育来说，经过多次的教育改革实践，制度与形式逐步趋于稳定，这次的教育改革，从教学内容着手，旨在将僵化、呆板的教学内容转向灵活性的，以激发学生学习兴趣、发展学生思维能力及情感体验为目标的层面。"三维目标"所体现的就是这样的教学内容。随着教育改革的深入，"三维目标"教育理念已在全国推广并取得了一定成效。

实践证明，"三维目标"教学理念的提出与运用，既符合学生发展的客观规律，符合教育发展的客观要求，也符合整个教育改革的趋势与潮流，符合新时期社会发展对人才的要求。不仅如此，此次教育改革与之前的相比，在培养方向上也有所侧重，之前的教育改革重视的是基础知识与基本技能，而本次基础教育改革则更加注重能力的训练及方法的选择和使用，这也集中体现在"三维目标"上。对此可以看出，将"三维目标"作为第八次基础教育改革的重点，原因是多方面的。

首先，基于"三维目标"自身的科学性，它是相对来说较为成熟的教育理念，有着科学的理论支撑，即本杰明·布鲁姆教育目标分类学。与此同时，它也是基于我国教育实际所形成的教育理念，符合我国基础教育现状与需求，理论与实际的有机结合，有效保证了"三维目标"理念的先进性、可行性。其次，"三维目标"的科学性和可行性，使得它的产生符合事物的发展规律，同时也顺应了时代发展的潮流，符合整个大的教育教学改革方向与发展趋势。最后，"三维目标"是新时代背景下人才培养的基本要求，是我国综合国力进一步发展的需要，是迎接世界新挑战的助力。

三、三维目标与学科核心素养间的辩证关系

（一）三维目标与学科核心素养的把握角度

对于三维目标与学科核心素养的关系，可从以下几个角度来把握。

1. 从横向来看

基于横向关系的分析，第一，从所指对象的构成上来看，三维目标的对象是课程，而学科核心素养所指的对象落脚点是学生。三维目标的三个维度分别是知识与技能、过程与方法、情感态度和价值观，这是基于布鲁姆教育目标分类学理论，同时结合我国教育实际发展而来的，它体现在课程目标的设置上，以课程为对象；而课程目标的落实，最终体现在知识与技能的维度上。基于知识的整体性来理解三维目标，不难发现，知识的整体性归根结底落脚点在于知识。结合自然科学来说，三维目标又可看作科学知识目标，其所代表的是知识的产生过程与结果。不同的学科，知识内容不同，知识目标也不同。具体到每一门学科，对知识的学习，是将学科知识内化为自身修养的过程，也是将知识转化为解决具体问题的能力。从这一角度来说，虽然三维目标体现的是课程的设置，但是透过课程，对学科知识的学习，能够转化人的知识与能力，这与学科核心素养注重从人的角度出发，培养人的全面发展有着间接的联系。第二，

从具体内容及要素来看，三维目标的三个维度的确定，其目的在于提高学生的科学素养。科学知识目标体系又可以细分为四个维度，即"科学认知和观念、科学思维和方法、科学探究与实践、科学精神和社会责任"，这一维度设置的目的在于帮助我们正确认识科学本质。而学科核心素养也被细化为五要素，其目的是培养现代社会公民所应具备的品质与能力。由此可见，教学目标从三维到四维，乃至五维，其出发点与落脚点始终未变，都是人的全面发展，从分到总或是从总到分，使得教学目标更加整合化。

2. 从纵向间内容联系来分析

构成三维目标的三个维度，与构成学科核心素养的五个要素，它们之间是辩证统一的关系，既有联系也有区别。对于知识与技能来说，无论是"宏观辨识和微观探析"，还是"变化观念和平衡思想"，都是对这一维度的细化，两者均指向科学认识和观念；"过程和方法"维度，不仅囊括了前一维度的两大细化方面，还包括证据推理和模型认知、科学探究和创新意识，均反映了学科科学思维方法和探究实践；"科学探究和创新意识、科学精神和社会责任"与"情感态度和价值观"是相对应的，均表现学科的教育价值和应用价值。由此可见，无论是三维目标还是学科核心素养，它们在内容上既保持着高度一致，也有着自身的特性。五要素将三维目标更加细化和具体化，且每一要素再被细化为四个等级，每一等级水平又对学生需要达成的目标进行了详细描述。与之相比，三维目标则较为笼统，在实践方面，缺乏具体、科学的有效指导，故而可操作性不强。

（二）核心素养与三维目标的区别

尽管核心素养与三维目标有一定的差异性，但是二者在内容的设置上仍然具有高度的内部一致性，前者对于后者而言，更加形象化、具体化、学科化及目的化。由此，我们也可以认为核心素养是对三维目标的延续及超越，发展学科核心素养，是适应教育改革的应然之举，反过来，也能够推动教育改革的进一步深化，促使教育改革从以学科为基础的知识教育，朝着以人为本的素质教育方向持续发展。主要包括以下两个方面：

第一，三维目标虽然属于科学化的教育目标的范畴，但是其在教育本质上仍存在一定的欠缺，核心素养便是对这一不足之处的有效弥补。

三维目标是教育本质从外至内的中间环节，这就意味着，三维目标其本身，兼顾着内外，既有外在的东西，也包含内在的东西。从这一点来看，三维目标的理论相对于"双基"而言是较为全面而深入的。但其不足之处在于，其一，缺乏对教育本质的关注；其二，缺乏对人的全面发展的详细描述和科学界定。相比之下，核心素养，更多地关注教育的本质问题，关注人的发展。所以，从这一点来说，它弥补了三维目标的不足，明确了真正的教育需要培养什么样的人，让教师明白在知识传授的同时，要兼顾对学生学科素养的培养，从而达到知识学习与核心素养培养相结合的目的。

第二，核心素养的形成和发展，建立在三维目标的基础上，是对三维目标的发展。从核心素养形成的机制来看，三维目标是其形成的基础和要素，核心素养是对三维目标的提炼和整合、发展与完善，核心素养是在系统的学科学习之后获得的；从核心素养的表现形态来看，核心素养是对三维目标的发展与超越，是个体处于知识经济、信息时代背景下，面对复杂的问题时，以学科知识为基础，在学科观念的指导下，探讨问题的解决办法所表现出的能力与品质。三维目标不是教学的终极目标，而能力及品质才是关键。一直以来，学校教育都注重知识的传授，将知识的传授作为教学活动的重心，离开了知识的传授，教学活动便失去了意义及方向。从这一角度来说，教学活动与知识传授是统一的。教学活动要持续，学生要获得成长和发展，就必须注重对学生知识的传授。然而，传授知识不是唯一的目的，因而人的发展，不仅仅是对知识的需求。正如马斯洛的需求理论，人的需求是多层次的。因此，教学知识与学生需求的统一，是现代教育所坚持的理念。教育的根本目的和人的发展的核心内涵，即素养的提升，就构成了人的发展。也就是说，教学活动是在基础知识学习的基础上，提升人的素养的一种活动。

教师必须明确三维目标与核心素养的这一关系，才能更加深刻地理解教学活动的意义，强化教学目标的设置，围绕学生知识的学习与学科素养的形成，开展有效的教学活动，始终保持将核心素养的培养贯穿于学科教学。

四、重建核心素养导向的教学观

对三维目标与核心素养关系的了解，有助于教师明确教育的目的，即为什么而教。"为什么"教只是前提，"怎样教"才是目的，这就需要重建核心素养导向下的教学观，以探讨如何在教学活动中将三维目标与学科核心素养更有效地结合起来。

（一）树立"立德树人"的教学观

"立德树人"已成为现代教育的理念及基本要求，所谓立德树人，就是要求教师在面对作为教育对象的学生时，首先需要明确教学的关键在于人的培养，教学活动的开展应围绕学生的个性自由和健康发展，教学服务于学生的成长成才。对于学生而言，其个性自由和健康发展应该以良好的道德品质为前提，而这正是核心素养导向下教学的重点。所以，重建核心素养导向的教学，必须坚持"立德树人"的教学观。

首先，教师需要在观念上进行转变。在教学中，知识的传授和能力的培养对于成绩的提升固然重要，但是这些成绩必须服从于学生的健康和幸福。健康，不仅仅是狭隘层面的身体健康，健康应该包含更为广泛的意义，即心理健康以及良好的品质。因此，教师在教学活动中，以学生的健康为前提，注重将学生良好道德品质的形成与知识的传授相结合。这就要求教师以学生为中心，全面了解学生实际情况与需求，尊重学生个体差异性的存在，对不同学生采取不同的教学方法。作为教师既要鼓励及要求学生学好知识，与此同时，还应该尊重并爱护学生，善于发现学生的优点和长处，尤其应注重对学生潜能的挖掘。

其次，理解学生发展的顶层设计就是核心素养，它是实现"立德树人"根本任务的价值所在。教师的任务不仅是教书，更为重要的是育人。教师要关注学生，全面了解学生，发现学生的优点和长处，弥补学生的缺点与不足。教师应该明白，教学的真正目的是育人。不同学科的性质及内容，所含知识均有所差异，但是育人的使命和任务是一致的。教师应该明确这一点，牢固树立育人的理念。教师应该明确核心素养的要素和内涵，在教学中形成自己独特的教学风格，并将核心素养融入教学特色。

（二）"以生为本"的教学观

"以生为本"也是现代教育理念，即以学生为中心。它是指在教学活动中，教师应关注学生，尊重学生的个体差异，根据学生的特点及兴趣特长、能力水平等，制定不同的教学内容，鼓励学生自主学习，充分挖掘学生潜能，以促进学生全面、均衡地发展。具体可从以下方面来参考。

首先，对于学科核心素养，要有正确清晰的认识，尤其是对于实施核心素养教育的本质意义。在此基础上，教师才能更好地更自觉地将学科核心素养融入教学，了解学生的真实状况及学习情况，尊重并宽容学生，在此基础上，形成自己的教学智慧与教学风格。只有这样，才能真正落实基于核心素养的新课标精神，也才能提高教师基于核心素养培养的教学能力。

其次，是基于学情分析，这是开展有效教学的前提。只有真实准确地进行学情分析，才能保证教学活动的开展更有针对性。学情分析的对象主要是学生，因此，对学情的分析主要包括对学生学习起点状态、潜在状态的分析。对于学生起点状态的分析可以从三个维度展开：知识维度，主要是学生对基础知识的掌握与认知；技能维度，是指学生已具备的学习能力；素质维度，指学生的学习习惯。

而对学生潜在状态的分析，即学生的潜能。也可以从三个维度来理解。首先，知识维度，即学生知识潜能，主要根据学生已有的知识基础、原有认知结构、学生的情感和发展需要来分析；其次，技能维度，即对学生知识技能、过程与方法、情感态度与价值观方面所具备的能力分析，包括能力层次及状态；最后，素质维度，即对学生的学习习惯的分析，学生的学习习惯是怎样的，根据习惯选择更有效的学习方法，基于学生的学习习惯，课堂教学可能生成的能够促进学生学习的资源。

（三）树立"学科本质"的教学观

学科核心素养导向下的教学，还应该树立"学科本质"的教学观，需要教师了解和掌握基于核心素养的课堂教学方法，在对于学科本质了解的基础上，梳理学科核心素养与学科本质的关系，以及探讨如何在学科核心素养导向下进行科学教学，彰显学科教学的独特魅力及育人价值。要做到促使教学活动从教学转向教育层面，需要教师具体做到以下几点。

首先，对于学科素养要有客观准确的认识。明白核心素养与学科教学任务之间，既有联系，也有区别。核心素养培养的着眼点，也并非学科教学任务的分解。而应该是立足于教学全局，将核心素养定位为学生应对复杂问题所必须具备的解决问题的能力和品质，这也是学生适应终身发展及社会发展需要不可或缺的关键能力和必备品质。

在教学过程中，教师要发扬伯乐精神，独具慧眼，善于捕捉、发现并利用学生的优势、特长、经验、创意、见解，乃至问题等，都可能成为教学的生长点。作为教师，要不断丰富教学资源，尤其需要开发学生身边的资源；注重学生实践能力的培养，让学生在实践中锻炼并提升能力；除此之外，还要广泛利用校内外场馆资源——学校图书馆、实验室、课程基地、运动场等及校外科技馆、博物馆、农业科技园等；处于信息时代的今天，教师还应该鼓励学生充分利用网络资源，丰富自己的学习经验，利用互联网丰富的资源，扩大视野，开阔眼界。

其次，只有在"学科本质"教学观的引导下，教师才能够深刻认识教学的实质，真正领会核心素养导向下的教学育人价值。教师要为学生的自主学习与探讨营造良好的学习氛围，借助多种教学手段与方法，引导学生自主探究能力的锻炼与培养。兴趣是最好的老师，教师应注重对学生兴趣的塑造，在教学活动中，努力培养学生的兴趣，为其将来的发展奠定基础。

最后，树立"学科本质"的教学观，要求教师明白，教学的真正目的在于使学生掌握"解决问题"的能力，这也是学习的本质。在以核心素养为导向的教学过程中，教师应该灵活选择并调整教学内容，根据学生的特点及需求，以及教学现状，及时变革教学方法及模式。而要实现这一改变，教师是关键。教师必须回归教学本质。唯物辩证主义的发展观，告诉我们世界是变化发展的，任事物都处于变化发展之中。教学活动也是如此。教师应该认识到，无论是社会的发展还是个体的进步，都离不开发现问题、解决问题的过程。而且这一过程，是一个循环往复的过程。教师在这个过程中，要发挥自己的教学智慧，引导学生发现问题、探讨问题、解决问题，只有这样，才能保证教学活动从讲授为主向以学生的自主学习为中心转变。这也为以学生的学习为中心的教学设计奠定了基础，从而保证教学活动真正围绕学生而开展。

总之，意识对行为有着一定的引导作用，正确的观念是行动的指南，核心素养导向下的课堂教学，必须树立科学的教育观念，并保持观念的与时俱进。只有在观念上注重更新与转变，以核心素养教育观引导教育活动，才能保证核心素养与教学目标的有机融合，让学生的核心素养在教学中得到培养。

第四节　核心素养理论的教学意义

　　知识的学习与掌握，为核心素养的形成奠定了基础。学科核心素养，是以具体的学科知识为载体，通过具体的学科内容的学习，形成对学科核心概念、原理及规律的理解，进而获得相应的能力、态度，从而实现学科核心素养的建构。由此可以看出，学科核心素养的形成，离不开学科知识的学习，而学科知识的教学，是学校教育的主要形式，因此，学科核心素养，与学校教学有着很大的关系。随着时代的变革与发展，学校教育教学也发生了根本性的变化，学科知识的内涵也随之变化。在教学过程中融入核心素养理论，对于教学乃至学生的发展有着极大的促进作用。

一、核心素养培养的基础

（一）核心素养的知识论基础

　　一个人的核心素养有着很大的发展空间，教育以及自身的努力是最主要的，也是最基本的途径。对于核心素养的培养，通常是以学科内容知识为基础的，并以其为载体，在对知识的学习中，促进对学科核心素养的意识培养，形成对学科核心概念、规律、原理等的理解，能力、态度等的获得，从而达到对学科核心素养的理解与构建。任何教学活动，都是以一定的知识传授与学习为基础的，这也是学校教学模式的基本形式。

　　随着教育理念的不断完善以及教育改革的逐步推进，我国学科知识教学内容也发生了相应的变化，其内涵也更加丰富与多样化，而从以学科本位到以素养本位的转变，是当前素养教育的本质特征。尽管素养教育被提升到了一定的高度，但这并不代表对知识地位的忽略，相反，学科知识仍被作为教学最基本的形式。

　　以学科知识为基础的核心素养的培养，首先，通过课程化的知识教学过程，将以认知价值为核心取向的知识学习与智力发展相统一；其次，注重学生学科思维能力的培养，与此同时，还需要加强学生对学科特征的理解。在此基础上，促进学生学科核心知识、核心观念、方法等多方面的建构与发展。

　　核心素养与学科知识相互促进，互为统一，核心素养的培养以学科知识为基础，主要是学科知识中核心知识的学习，同时，进行学科观念、思维、态度的培养。从教学的任务来说，教学的一般任务是引导学生能动地学习，掌握基本的知识与技能，同时具备灵活运用的能力。这也是其他任务得以完成的基础和前提。因此，核心素养的形成过程，是学科知识教育价值实现的过程，没有基础知识的掌握，就无法实现对以知识为基础抽象出来的方法、态度以及能力的获得，核心素养的培养也便成为无本之木，效果可想而知。

（二）核心素养的认识论基础

　　知识建构理论成为核心素养培养的理论基础。生活在社会中的人，或多或少都会有一定的生活经验以及所学知识的积累，并自觉或不自觉地将其运用于新知识的学习及能力方法的获取。对于核心素养培养来说，核心素养形成的过程，可认为是意义建构的过程，这其中已有经验或观念是基础。教师的作用不是忽略学生已有经验或知识，重新像往瓶子中注满水一样对学生进行新知识的传授，而是应该充分考虑学生对已有知识的掌握，并基于此，找到新旧知识间的连接点，建构新的知识。

　　建构主义学习观强调学生的学习，是建立在已有知识或经验的基础上，进而对外部知识理解的过程。对已有知识向新知识的转化，需要不断调节原有认知结构，使其为新知识所接纳。而新知识的形成，对于原有知识结构的改进与发展，同样有着积极的促进作用。建构主义指导下的核心素养的培养，可从以下方面实现。

1. 以学科问题情境为基本教学活动方式

　　核心素养是知识与能力等的统一，而以学科教学为基础的核心素养的培养，重在以学科问题情境为背景，引导学生培养在具体情境中解决具体问题的能力，而非依靠传统的教师传授。而这一观点，恰好符合建构主义者所秉持的情境性认知观点，"强调学习、知识、智慧的情境性，认为知识是不可能脱离活动情境而抽象地存在的，学习应该与社会化的情境活动结合起来"。传统的学校教育奠定了知识传授的基础，而能力的获取，以及思维能力的提升，仅凭教师的传授，无法真正实现。通过参与性的实践所达到获取学习和巩固某种能力、方法等的有效性，远大于从书本或演示中所获。思维能力的培养与提高，取决于学生解决具体问题时方法策略的选择、应用以及对行为过程、行为结果的反思。无论是知识的获取，抑或是知识的运用，既来源于实践，而又离不开实践过程的体验。在具体情境中通过尝试、小组协作以及不断地思考来解决问题；学科学习方法的掌握，同样与实践关系紧密，是在具体情境中，面对或是解决具体问题时不断反思的结果。建构主义主张"抛锚式教学"，即在教学过程中，教师应善于创造与现实相似的情境，引导学生对相应的问题情境进行探讨，培养学生对问题情境的建构，促进思维能力的发展。

2. 以探究式学习为基本教学活动方式

在学校教育中，课堂教学是学生学习知识内容最主要，也是最基本的形式。课堂能够为学生提供系统地进行学科知识学习的机会，便于学生对系统知识的掌握。但是与此同时，课堂教学也存在以教师讲授为主，而忽略学生在学习中的主体性，忽略对学生探究性思维能力的培养的问题。教学过程不应该以知识传授的多少为衡量标准，而更应该以学生对知识的理解、吸收，乃至掌握程度为主，这一教学过程的实现，离不开探究式教与学的过程。建构主义指出探究式学习过程是"以问题为导向，通过发现问题和解决问题而建构知识的过程"。由此可以看出，探究式学习的开展离不开问题情境的创建，而且所创建的问题情境必须是与所学内容相关的、有意义的。

从这一点出发，创建有意义的问题情境，与教师的探究意识及能力有着直接的关系。需要教师强化探究学习的意识，合理设计探究过程，既要结合学生的实际状况以及知识水平，又要与生活实际密切相关，将探究活动的难度控制在合理的范围内，避免问题超出学生的能力，而让学生望而生畏，挫伤学生学习的积极性，抑或是问题设置过于简单，达不到提升学生探究思维能力的效果。在这个过程中，教师要通过设置一系列的合理问题，并以问题链的形式将这些问题串起来，用于指导学生的探究，促进学生素养的构建。

探究式学习的过程离不开与他人的互动与沟通，因而，探究的过程同样也是合作交流的过程，是一种对话式的实践过程，是参与探究活动的学生，针对探究的主题或是某一问题，与同伴、老师展开合理的对话，促进问题解决的思维过程。对话的过程同样需要教师运用教学的智慧，进行科学合理的引导。在学校教育教学过程中，教师需要在程序性学习的基础上，对探究式学习方式给予适时引导，通过探究性学习，培养学生问题的思维能力及解决问题能力，从而促进学科核心素养得到锻炼。

二、核心素养理论的教学意义

核心素养是对新时期教学目标及任务的科学化与具体化，是新的时代背景下对教育所培养人才的美好憧憬。对于教师而言，核心素养的提出只是为他们的教学指明了方向，他们更关注的是如何在教学中落实核心素养的培养问题。而对于核心素养理念的教学意义的认识和理解，也需要教师对其有一个客观而全面的认知。

（一）现实意义

首先，核心素养理论是教学目标的科学化和具体化，因而为课程的设置指明了方向，成为课程设置的重要依据。对于传统教学而言，课程内容的设置一般是教师根据学科逻辑来确定，针对学科特点及知识结构，以及学科发展逻辑为主线而设定的课程内容，教材编撰在路径的选择上相对明确，但是随着时代的发展及教育改革的进行，课程设置在内容的选择上也更为丰富，难度也逐渐提升，但是对于学生的发展价值没有确切的保障。

教育的根本在于促进学生的能力与品质的发展，显然，传统的课程设置并不能很好地促进教学目的的达成，这就需要教师及教育工作者转变教育理念，更新课程设置观念，将知识在学科中的意义，转向知识在核心素养培养中的意义作为课程内容的确定依据。也就是说，课程内容的设置需要围绕最大限度地促进和提升核心素养相关的一系列知识，只有这样，才能免去不必要的、对学生成长意义不大的课程内容，从而在有限时间内获得更多、更有价值的知识，调和教学时间有限与知识学习无限之间的冲突。

在核心素养理论的指导下，课程内容的确定与教材编撰也将发生根本性的变化，主要表现为，转变了过去单纯以学科知识体系为依据的路径，为兼顾以促进学生核心素养的形成为依据的路径，这既符合现代教育的根本目的，也更有利于促进学生的发展，能够为学生的发展提供有力保障。由此足以说明，核心素养是课程内容选择的重要依据。在此基础上进行的课程内容的设置、教材的编撰等，才更有教育价值及意义，从一定程度上来说，这是课程理论与实践的创新与突破。

其次，核心素养理论指导教师的课堂教学。在教育改革的不断推进中，核心素养的提出，顺应了教育改革的趋势。在核心素养理论的引导下，教师不再沉浸于厚重的书本、疲惫于繁重的练习，也不再纠结于成绩的好坏、分数的高低，而是透过书本和成绩，看到教育的实质，即人的发展，以及教育育人的目标。尽管分数与学生的成绩有一定的关系，一定程度上能够反映学生对知识的掌握即运用能力，但这并不是教育的终点，教育应该在促进学生掌握知识的基础上，促进学生能力的提升及全面发展。目标是前提，教材是辅助，学生是关键，只有这样，才能保证教育发展的正确方向。从知识本位转向核心素养本位，是课程改革的质的深化与升华。

（二）超越性意义

核心素养理论的超越性意义，主要体现在以下几方面。

首先，教学的教育性。教学的意义在于向学生传授基本的文化或内容，并让学生掌握。由此可见，教学必然涉及教与学的过程。也就是说，教学必须借助某种文化内容的习得，即学力的形成，同作为生存能力的人格的形成，即教学的教育性的形成联系起来。基于核心素养的定义，其既包含关键能力，也重视必备品质，因而，核心素养理论对于教学来说有着积极的意义。

此外，从教学过程来看，教学的过程是向学生传授知识与技能的过程，从一定程度上来说，也可以理解为是向人传递生命气息的过程。无论基于哪一种理解，人都是教学的关键，人的发展才是教学的价值所在。因而，对于学校教育来说，课堂教学是学校教育最主要的形式，理应顺应时代发展的要求，尊重学生个体，将学生的发展视为教学的价值所在。从这个意义上说，教学目标的达成，不应该只是教学方法、技术层面的改变，其关键在于教育观念的变革，即尊重学生的个体性，要让学生成为真正的自己，而非被概括、被物化的抽象人。这也是教学的教育性的体现。

其次，教学的在场性。在教学活动中，教师的教与学生的学，是相互统一的，是教学过程中很重要的一组关系。而相比之下，学生的学更应该得到重视与强化。也就是说，教师的"教"，是为了学生更好地"学"，教是为学服务的。建构主义学习理论认为，学习是对知识的意义建构过程，而这不是依赖教材和教师所能够实现的，必须通过学习者自身的努力才能达成。也就是说，学生个体是关键，即教学必须要学生个人"在场"，才能真正发生。这也说明，学习离不开学生自我的参与，否则，学习活动便不会发生。

核心素养理论重在学生能力及品质的培养，引导学生通过自主学习，而去发现知识、解决问题，并把发现了的知识通过"经验的能动的再建或者统整"视为真理。这种被视为真理的知识，被英国哲学家波兰尼谓之"默会知识"。这种知识的获得，意味着"在场"学生对知识的真正学习和理解。

最后，教学的交互性。教学应是师生双向互动的过程，而非教师的一言堂，这是传统教学活动亟待解决的问题。核心素养理论的提出，符合现代教育的要求及理念，强调学习共同体的创建，意在教师与学生间形成多维互动的关系，促进师生间、学生间的交互。不仅如此，它还强化了个人知识和学科知识的对话互动，使教学过程成为知识创造的过程，从而使得知识的学习更加灵活，也为学生综合素质与能力的培养营造良好的教学环境。

三、核心素养理论对物理教学的意义

教学活动的开展离不开教学主体、教学对象，以及教学媒介的参与。也就是说，任何一项教学活动，除了教师与学生这两个主体外，还需要借助教材及教育等其他媒介的配合才能实现。这也就意味着教学活动是师生双方交流互动的过程，在这种过程中浸润着对话性实践。所谓的对话，其形式是多样的，既有同客观世界对话，也有同他者对话，还有自我对话，与之相应形成寻求建构世界、建构伙伴、建构自我的对话性实践。具体到物理科学的教学，核心素养理论的意义体现在以下几方面。

（一）核心素养能够深化物理教学的人文性

任何学科知识就其结构而言，都有表层和深层之分，与之相应的便是表层意义与深层意义。对于物理学科而言，构成表层结构或意义的为物理学科的内容，包括概念、命题、理论内涵、意义等，而深层结构蕴含在物理学科知识内容和意义之中或背后的精神、价值、方法论、生活意义（文化意义），这也是学生素养形成和发展的根本。

对于中学物理教学而言，这一学科一直以来都被视为科学探讨的学科，且一直存在着科学主义的倾向，导致一部分教师过于注重这一学科的科学性，而忽略了学科自身的人文价值。在教学中，过于强调科学的理论、思想和方法，也过于注重对科学的功能和效用的阐述。与此同时，存在的另一个问题是将物理学科视为孤立的学科，将其与其他学科割裂开来，忽略了将物理知识与科学精神、人文精神相联系。

而在物理教学中融入物理学科核心素养，其目的便是要在物理教学过程中，兼顾知识的积累与身心素质的培养，将学生身心素质的养成和提升作为教育的最终目的，而非单纯地以"知识为本"的知识获取。由此可以看出，物理学科的教学已较之前发生了很大的变化，不再仅仅是让学生掌握一定的物理知识和能力，更主要的在于对人的精神品质、思维方式的养成和提升。物理不再是一门单独的学科，对于物理学科的教学，要从物理文化的视角，引导学生去看待、认识物理学，发掘物理学的文化价值、教育价值，以更好地实践教育育人的理念。

核心素养便是立足于人的教育，真正从文化的角度来思考教育、定位教育，进而引导教育走向立德树人的道路。苏格拉底拥有渊博的知识，但他并不直接向他的学生传授真理；相反，学习者是在他的帮助下，凭借直接的力量去探索，进而获得真理。

钟启泉教授在《课堂转型：静悄悄的革命》中强调："要实现从'灌输中心教学'向'对话中心教学'转变。"从中也可以看出学习者自我探究的重要性。这就要求，在物理教学中，要转变知识、原理的灌输式教学模式，积极推进体验式教学，让学生在"体验"的基础上，通过合作与对话，以自主探究的方式促使学生学习的真正发生。任何事物之间都存在着联系性，物理学也不例外。物理不仅与其他学科间存在着千丝万缕的联系，与人们的日常生活也是密切相关的，学生在生活中以自我体验的方式孕育着或对或错的"物理知识"，这些知识被坚硬的外壳包裹着，导致学生无法真正获得，这就需要通过教师的帮助。

如果教师采取传统的讲授或演示的方式，将知识直接灌输给学生，对于学生而言，即使掌握了知识，可能也只是"知其然不知其所以然"，无法将其内化为自己的知识，也无法形成相关的能力和素养。这就需要教师转变教学方法，从学生的主体性出发，充分发挥学生的能动性。这也符合核心素养理论的要求，强调从育知识到育人的转变，重在引导学生自己的体验，去发现知识，并将所发现的知识，经过"经验的能动的再建或者统整"。这一过程，体现了核心素养中的**过程与方法**要素，凸显了对生命成长意义的经历，真正实现了学习方式由被动向主动转变。

（二）核心素养能够增强物理教学的互动性

课堂教学是当前学校教育的主要形式之一。任何一门学科的教学过程，都离不开教师、学生、教学内容及教学环境的参与。这也是构成教学的四大要素，各要素间相互联系、彼此制约。教学活动离不开教师的教与学生的学，因而教与学、教师与学生是教学活动诸要素中最为主要的，也是受多重关系的影响和制约的。

一般来说，人们对于教学中师生关系的理解，往往都会简单等同于教与学的关系。殊不知，师生关系并不仅仅如此，除了教师的教和学生的学这一层关系，其范围还可延伸至教学内容，教和学的方式，以及教师与学生的个性等。教与学虽为课堂教学中的两种不同活动，但二者是相互联系、密不可分的统一体，共同存在于教学活动之中。物理教学中，师生间的对话、交流、活动均是学习共同体的重要特征。

这一点也符合核心素养理论强调学习共同体的创建要求。意在通过师生间、生生间的交互作用，让个人知识与学科知识在对话交互中实现融合，进而促成知识的内化，使核心素养融于教学，在教学过程中得以培养和提升，与此同时，促使教学过程成为知识的创造及真理的发现过程。

物理教学中师生共同体的创建，有助于教学过程中师生的对话与互动，从教师角度来说，教师不再是知识的传授者，而是学生学习的合作者，教师将自己对教学内容的理解、认识与学生分享；在互动过程中，学生展示自己的学习体会，提出问题进行质疑。通过交流与互动，学生参与性更强，教师能够获得更多的对学生的了解，这样更有利于对教学内容的深入探讨，在讨论交流中，相互启发、互除疑虑，真正做到教学相长，既促进了友情，也培养了合作意识，获得了能力和品质的提升。

由此可见，物理课堂教学的互动，是落实核心素养的重要方式。

第二章

物理教学基本要素

第一节　物理教学基本技能

伴随时代的发展与变革，现代意义上的教学技能也发生了根本性的变化，教学技能在过去一直被简单地视为单纯的教学能力，而现如今，现代教育理念下的教学技能的概念也延伸了，向着以心理学为依据的现代教学技能发展。教学是一个复杂的过程，也可以将其视为构成并影响教学活动的一系列要素所形成的一个复杂系统。这一系统，既是知识表征系统与教学操作系统的整合，也是以教学操作知识为基础的心智技能与动作技能的统一。无论哪种技能，都包含着陈述性与程序性知识两个方面，且存在着由陈述性知识向程序性知识的转换。

一、物理教学技能的结构

（一）课堂教学技能概述

教学技能，与教师的教学行为有着直接的关系。对教学技能的划分，从某一角度来说，也可以是对教学行为的划分。即将课堂教学行为分解为各个部分、各个方面，逐一认识它们的属性。在辩证唯物主义观点的指导下，还应该将分解后的各个方面联系起来，从普遍性的内容中抓住主要的部分，做到从特殊中把握一般，从教学现象发现教学本质。教学技能，有基本技能和综合技能之分，基本技能包括语言技能、提问技能、讲解及演示技能、板书技能；综合技能包括课前导入技能、课堂组织技能、评价技能等。对教学技能的划分，其意义在于：

首先，通过对教学技能的划分，能够加深教师对教学活动的理解，便于教师清晰地认识课堂行为的各部分、各环节的操作性及相应的要求，以及技能提升的方向。由此可见，技能的划分不仅有助于改进师资培训，提高教师的综合素养，更有利于课堂教学效果的提升。在传统教学模式的束缚下，我们对于课堂教学的认识局限于教条式的教学原则，以及抽象的教学方法上，故而无法很好地用于指导教学实践，对教学技能无改进作用。

其次，对教学技能的划分，有助于强化教学技能培训的针对性，使得教学技能的培训更加科学化和有序性。对于课堂教学来说，教学技能不仅是科学的，更是艺术的，如教学技能中的语言技能，语言本身就是一门艺术，对于这门艺术的掌握，能够让课堂讲课变得生动，也只有生动的课堂，才能调动学生学习的积极性和学习的兴趣与热情。

教学是科学性和艺术性的统一，但教学的前提离不开基本技能的掌握，只有建立在一定的基础技能之上，才能够实现质的提升。这就需要对教学行为进行分析，对教学技能进行总体的把握。这样，便于在技能的训练中，遵循由浅入深、由易到难的原则，这也符合人类学习的基本原理。通过这种集中、有序的训练方式，就完全有可能促使教师以微观目标的渐进，获得复杂的教学技能。由此可见，科学、恰当的教学行为的分类，对于教学技能的培养与提升起着至关重要的作用。

最后，科学的教学技能及行为的分类，便于对教学过程做定量的观察分析。教学技能贯穿于课堂教学的整个过程，过去人们对于教学的评价，往往依赖于主观感受、经验，这种评价方式受主观因素的影响较大，评价很难做到客观、准确，评价结果的有效性及真实性都存在较大的疑虑。因而也很难发挥出评价的应有价值。而对教学行为进行科学、恰当的划分后，对于课堂教学评价的内容便有了参考的依据，不同的教学行为对应着相应的评价。这种在定性分析的同时，兼顾定量性的精确评价，与此同时，再借助先进的评价手段，如计算机统计分析技术，使得教学评价更加科学化，教师教学技能的培训也从经验型的师徒传授式，走向科学化、规范化的系统化之路。

（二）物理教学技能

技能可视为一种知识和能力的统一体，一般来说，技能是指人们依据一定的规则和程序，具备操作相应技术的能力。技能的形成，同时受到个体生理和心理活动的影响，其在生理和心理的共同作用下，依据一定的规则或程序，在反复练习的基础上所形成，通过人的外在的比较固定的活动方式表现出来。由此可以看出，技能的提升与后天的努力是分不开的。

对物理教学技能的分析，可以结合教育心理学关于"技能"的相关研究，以及物理教师的特点。对此，笔者认为，物理教学技能是指教师在一定教学理论的指导下，经过长期的物理教学实践，所形成的能够准确、娴熟地开展课堂教学，及时、有效地完成教学任务的一系列教学活动方式的总称。物理教学技能是物理教师所必备的技能，是保证物理课堂教学顺利开展的前提，也是教师完成教学任务的必备条件。教师具备一定的教学技能，对于学生学科知识的掌握、思维的开发、情感态度的养成，以及个性的发展等都会产生直接的影响，也是影响课堂教学效果、全面实现教学目标的重要因素。

二、初中物理教师应具备的重要教学技能

（一）教材分析技能

教材是依据课程标准编写的科学文化知识的载体，是教师实施教学的主要依据，也是学生获取知识、发展能力、培养品德的重要来源。分析教材是教师的基本功和基本素养，是备好课、上好课的关键，是进行教学设计的第一步。教材分析的过程，也是增长专业知识、促进教学修养的过程。教材分析的步骤如下：从分析教材的地位和作用入手；分析教材的内容和结构，明确教学知识目标、重点和难点；挖掘教材的科学方法、能力培养因素；挖掘情感态度价值观因素，分析教材中的学习心理问题；选择适当的教学方式或提出合理的教学建议。

（二）导入技能

导入是教师在新的教学内容或活动开始前，引导学生进入学习的行为方式。

1. 导入的功能

集中注意（要使学生在课间的兴奋中转移到课堂中来，首先要集中学生的注意力）；激发兴趣；明确目的（让学生直接或间接了解本节课的学习目标）；联结知识（衔接新旧知识）；沟通感情。

2. 导入技能的类型

创设物理问题情境是导入技能运用的关键。如何创设物理问题情境？如何处理教材中提示的物理问题情境？如何与学生的日常生活经验联系起来？显然，导入技能的运用有多种方法。下面介绍中学物理课堂教学中常用的几种导入方法。

（1）直接导入

这是一种最简单、最常用的导入技能，主要是教师运用教学语言，直接阐明学习内容，明确学习目的和学习程序与要求的导入新课的方法。

示例1：在讲授初中物理"光的直线传播"时，教师可以这样设计导入。

教师：在日常生活中，我们经常看到从汽车前灯射出的光束是直的，城市中心广场的探照灯射出的光束是直的，警察和战士射击瞄准时要求的"三点线"也是直的，这些现象说明光在空气中是沿直线传播的。

（2）经验导入

经验导入是指以学生已有的生活经验为出发点，通过语言描述或提问的方式引起学生回忆，或者通过演示再现生活经验，引导学生发现问题的导入方法。

示例2：在讲授初中物理"物体的浮沉条件"时，教师可以这样设计导入。

教师：在日常生活中，我们可以看到这样的现象，一个铁球会沉入水底，而铁制的万吨巨轮却会在水面航行。此处由"铁球"抽象到"物体"，那么决定物体浮沉的条件是讲述的关键。

（3）实验导入

实验导入主要是指教师通过演示实验创设物理问题情境引导学生进入学习状态的一种方法，也是中学物理课堂教学中常用的方法。

示例3：在初中物理"大气压强"知识教学中，教师通过"覆杯"演示实验，展现大气压强的存在。

教师：请同学们仔细观察，这是一个装满水的普通玻璃杯，现在我用一张硬纸片盖在杯上，然后将玻璃杯翻转过来，请大家注意观察，水会不会从杯中流出来？（演示实验）为什么一张薄纸能够托住这满满的一杯水？

（三）讲授技能

讲授能在较短的时间内，简洁地传授大量系统的知识；可以方便及时地向学生提出问题，指出解决问题的途径；可以使学生领会教材中微观的或抽象的内容；可以为教师传授知识提供充分的主动性。讲授按其内容的认识特点可分为四种类型：说明式、描述式、原理式、问题解答式。其中，说明式主要包括对教学活动的对象、活动方法、活动目的的说明，以及对简单事实性知识、术语的说明和简单物理现象、事物及活动的说明。例如，"G"表示物体受到的重力，"$\triangle t$"表示一段时间间隔。描述式则是对物理事实、现象、过程用语言进行形象的描述，是提供问题背景和讨论前提的重要手段。原理式讲解在物理教学中通常是对物理概念和物理规律的讲解。

对于讲授的内容而言，首先，要明确讲解的目标，要求越具体，越容易组织讲解的内容。其次，讲授的过程和结构要合理，条理清楚，逻辑严密，层次分明。讲授内容要重点突出，要有明确的主线。讲授要有针对性，要考虑学生的年龄、兴趣、性别、知识水平、能力基础，要清楚学生已有的知识背景。最后，如果从教师运用讲解技能的角度考虑，在讲解过程中，教师的语速要适当，语音要清晰，语调要抑扬顿挫，音量要适中，语义要准确。

考虑到讲解的效果，一次讲解的时间不宜过长，大段的讲解可以分为几段来处理。在涉及讲解的重点和关键时，要注意节奏的把握，采用提示、停顿等方式加强变化。当然，讲解要想取得实效，也必须与其他教学技能配合使用。

（四）提问技能

提问技能是教师提出问题或诱导学生质疑发问，引起学生积极思考，促进学生参与学习、理解和应用知识，了解学生的学习状况的一类教学行为方式。对于课堂提问的目的，G. 布朗认为，教师在运用提问技能时，首先应当明确"为什么要提问？怎样提问？提问些什么？"这些涉及提问的设计问题。显然，学生已有的知识背景是提问的基础。在初中物理教学中，教师运用提问技能时首先应当明确提问的设计。①在课堂教学中，教师针对学生的思维特点有计划地提出问题，从而引发学生积极主动地思考，引导学生进行主动探索。②提问的过程就是揭示矛盾和解决矛盾的过程。通过矛盾的解决，使学生逐步认识事物，抓住问题的本质。③在物理教学中，问题的设计通常是以旧知识为基础的，通过提问可以督促学生及时复习巩固知识，并将新旧知识联系起来，从而系统地掌握知识。④通过提问可以集中学生学习的注意力，激发学习的兴趣，活跃课堂气氛，并培养学生的语言表达能力。⑤对教师而言，通过提问能够及时了解学生的学习情况，获得改进教学的反馈信息，进行有针对性的有效教学。对学生而言，提问是鼓励学生积极参与教学活动，强化学生学习的过程。如"重力"教学中可以提出的4个核心问题：

① 你对重力有哪些了解？（综合）

② 如何给重力下定义？（概括）

③ 垂直向下与竖直向下的区别是什么？（比较）

④ 猜想重力的大小可能跟哪些因素有关？（猜想）

（五）演示技能

演示是教师在传授知识时结合有关内容讲解，把各种直观教具及实验等呈现给学生观看，把所学对象的形态、特点、结构、性质或发展变化过程展示出来，是用媒体传递信息的行为方式，说明事物的特点和发展变化过程，使学生获得感性认识的一种教学活动方式。如通过实验演示鸡蛋在盐水中的浮沉现象，总结出物体的浮沉条件。演示一般分为实物标本和模型的演示、实验的演示、挂图演示、多媒体演示等类型。演示的主要特点是直观性强。

第二节　物理课的类型

一、物理课类型概述

对于物理课的划分，主要是通过具体的教学任务而进行的。掌握物理课的类型，有助于教师把握每节课的教学任务，对于本节课在整个教学体系中的地位和作用有一个清晰的认知，从而保证教学的系统性。这对于学生的学习同样具有一定的促进作用。因而，对于物理课类型的正确划分，是很有必要的。

首先，作为一门学科，知识的传授是基础，因此，以新知识的传授为主要任务的新授课是物理课的基础课。而基于物理学科的科学性，实验课也是必不可少的，它能够锻炼学生的动手能力和思维能力。此外，物理课的类型还应该包括以巩固知识为目的的复习课，以检查学生知识技能为目的的习题课。

其次，对于一节课来说，往往并不是单纯地以一种类型为主，而是多种类型的综合。尤其是对于初中阶段的孩子来说，一方面教学任务较高中简单，学生的有意注意时间有限，这个时候就适合在一堂课中，集中完成几项教学任务。通过交叉教学的方式，不仅能够完成既定的教学任务，还能最大限度地使学生保持学习的积极性与热情，提高教学的效果。综合型的教学并不仅限于低年级阶段的学生，对于中高年级，也可以根据教学的实际情况合理安排。

最后，根据物理学的特点，掌握物理课的结构及教学顺序。课的结构即构成一堂课的各组成部分及相互间的顺序与时间安排。由此可以看出，课的结构并不是固定不变的，而是同课的类型有着直接的关系。不仅如此，即使是同一类型的课，在不同的时间、面对不同的群体，也会产生不同的结构。不同的教学结构也会形成不同的教学顺序，对于物理课来说，其一般的教学顺序包含以下几个方面。

一是组织教学。教学组织是开展教学活动的前提。对于任何类型的课来说，教学组织都是必不可少的一个环节。其目的在于让学生尽快从课前松弛的状态进入紧张的学习情境之中，在于让学生从生理和心理上做好听课的准备。组织教学的内容和方法都不是固定的，可针对自身习惯和实际情况灵活选择。一般来说，组织教学，首先需要创造一个适合学习的氛围，课堂和课外最大的不同便在于课堂应该安静而有秩序，组织教学便是要维持这种环境和秩序，这样才便于学生快速进入上课的状态。此外，组织教学除体现在上课伊始，教师通过目光的扫视对班级基本情况的了解，检查出勤和书籍文具的准备情况外，还可以通过教师自身涵养、人格魅力等达到最好的课堂组织教学的效果。

二是检查复习。检查复习的目的有两个：其一是巩固已学知识，强化记忆，加深理解；其二是为正式教学做好铺垫，这也是检查复习承上启下作用的体现。通过检查，一方面督促学生及时复习已学知识；另一方面，培养学生养成对课业的责任感。检查复习的内容并不局限于上一课时的教学内容。对于教师来说，一般会选择与所讲新知识有联系的教学内容，以便于顺利导入新课。检查复习的方法是多样化的，教师应该结合学生的特点及教学需要合理选择，如口头问答、书面测试等。

三是讲授新教材。一般来说，教材是知识的载体，当前，学校教学活动的开展都是以教材为基础，围绕教材而展开的。讲授新教材，即是向学生讲授新知识。这是课堂教学的重点，一般的原理、概念、规律等，都需要在课堂上向学生讲授。对教材新知识的讲解，需要掌握一定的方法技巧，这样才能调动学生的积极性，激发其学习的欲望。通常，教师可以在新课讲授前，让学生明白所要学习的教材内容的意义和作用，以便于学生的认可并接受。在讲授过程中，保证知识的紧密性，突出重点、难易得当，同时根据内容即学生的特点，辅以恰当的教学方法，从而促进学生思维能动性的开发。

四是巩固新教材。巩固新教材一般是在讲授新课知识点之后随即进行的。一般通过复述、提问、练习等方式进行，一方面是对所讲内容进行适当的延伸或补充，帮助教师了解学生对知识的掌握情况；另一方面，能够加深学生对当堂所学内容的印象与理解，实现知识的内化，从而掌握运用新知识解决问题的要领，为下一环节的练习奠定基础。

五是布置课外作业。这是基于巩固新知的更进一步。其目的除了巩固知识外，还在于培养学生独立学习的能力和习惯。课外作业的布置要遵循科学性和合理性原则。作业的内容要丰富多样，既能体现所学知识，也要保证难易适度，以对学生的能力起到一定的促进作用。作业不可贪多偏难，而应该根据学生的特点和能力适当调整，以保证完成的时间和效率。

二、中学物理课类型

对课程类型的掌握有助于教学活动的有效开展。因而，在物理教学中，教师熟悉基本的物理课类型很有必要。

在我国长期的教学实践中，班级授课一直都是各科教学的主要形式。组成班级的学生年龄是相仿的，认知水平也相仿。人数也控制在一定的范围内。班级授课的内容，一般是以教材为基础，围绕教学大纲和教学计划所设定的内容，按照学期划分为若干个小的单元，并在规定时间内完成。物理学是一门特殊的学科，物理教学目标的完成，既受物理教学内容的质量、深浅程度、知识的关联性影响，又受学生原有经验、知识水平和心理品质因素的限制。因此，在物理教学的各环节，对物理某一知识的掌握，需要经历一系列过程，从感知物理现象到认识物理状态，从对物理状态的观察中，分析其变化的条件，在此基础上建立相应的物理概念或模型，进而寻找并总结规律，掌握运用规律解决实际问题的技能。这就要求在不同的阶段，应该遵循因材施教的原则。由此，就会造成教学程序不一的现象。

然而，在具体的物理课堂教学实践中，不同的课型在教学程序和时间分配上是可以灵活变动的。具体需要根据教学的内容状况和教学对象的实际，只有这样才能保证理想的教学效果的达成。根据教学任务的不同，可将物理课分为以下几种类型。

（一）单一课

所谓单一课，是指一个课时内只完成一项教学任务。单一课对于我们来说并不陌生，它是教学中较为常见的一种课型。

1. 新授课

这种类型的课是以讲授新知识为主。对于物理概念的初步建立、物理规律的了解，乃至运用规律解决物理实际问题的能力、方法、技巧等都需要通过新授课的形式开展。物理教师在进行新授课的教学时，必须做好充足的准备，制定明确的教学目标，围绕目标选择合适的教学方法。只有这样才能保证教学任务的有效完成。例如，对新的物理概念的教学，需要创设情境，以引导学生通过观察新的物理现象，联系已有的概念，抽象出新的物理本质，明确新的内涵和外延，进而得出结论，掌握新的物理研究方法。

2. 实验课

对物理概念、规律的知识建构，通过实验的方法，学生的理解更加深刻。实验课，即是以实验为主的课型。物理实验课一般是在教师的指导下，由学生运用已有的知识独立完成仪器操作的教学形式。实验课的目的在于锻炼学生的思维和操作能力。通过独立实验，能够促进学生科学探索精神的养成。在我国当前的物理教学实践中，实验课一般通过两种形式开展，一种是学生分组实验，另一种是讲与练同时进行，即所谓的边讲边实验。传统的物理实验教学，通常都是学生在教师的指导下进行，学生对教师的依赖性较强，严格按照教师的步骤进行。教师对学生的这种过多干预，严重影响了学生的思维及能动性的发挥，阻碍了学生科学探究精神的形成。

科学家爱因斯坦之所以成功，就在于他的思想没被禁锢，在物理世界中自由探索。物理教师也应该本着这种精神，鼓励并引导学生在理解实验原理的基础上，围绕实验主题，发挥思维的能动性，大胆创新，勇于探索。通过这种方式来培养学生实验精神和实验能力，进而增强其独立分析和解决实际问题的能力。

此外，物理实验教学的形式，也应该尽可能多样化。物理教师在进行实验课的教学时，要结合教学的需要和学校的条件，选择合适的实验课形式，以最大限度地为学生创造实验及科学探索的机会。任何形式的实验课的开展，一般都包含着以下三个阶段。

（1）准备阶段

"万事俱备，只欠东风"，充足的准备是进行实验的前提，能够保证实验的顺利进行。实验前准备不充分，势必影响实验的有效性。所以，准备工作必不可少。对于学生来说，准备阶段需要做好以下内容：明确实验目的和要求，掌握基本的实验原理，了解实验仪器的性能及操作规范，熟悉实验装置结构。基于此，提出实验方法，设计实验步骤和实施措施，制定讨论提纲。

（2）操作阶段

操作阶段是实验的核心环节，实验操作步骤的准确与否，与实验效果有着最为直接的影响。实验操作阶段的主要任务是通过实验的进行，获得实验数据，并观察实验现象，在现象的变化中探索规律，从而提高实验水平。在学生进行实验操作的阶段，教师不应该过多地干预，但必须做好巡视，一方面，发现学生在实验操作中的失误，进行适当的指导，使其及时改正；另一方面，对于学生在实验中的创造性行为，也应及时提出表扬。

（3）总结阶段

这是实验的最后阶段，是对实验现象和结果的总结。一般来说，总结阶段的开展，既可以围绕学生在实验中的表现，主要是对创造性的表现进行总结，也可以是学生自发地对实验现象和结果的分析和讨论。例如，分析实验成功或失败的原因，讨论是否还能设计其他实验方式来完成同一实验任务。

3. 边讲边实验

近代教育理论研究表明，教学效果与学生的兴趣有着直接的关系，兴趣浓厚，学生学习的积极性就强，能动性的发挥也就更充分，所以，调动学生兴趣是关键。实验教学的优势就在于，能够激发学生的好奇心和探索欲。物理教师应该给予学生充分的实验机会，尽可能地为学生创造动手、动脑的机会。为此，边讲边实验的教学形式便应运而生。

边讲边实验是指在物理课堂教学中，学生一边听老师讲与实验相关的理论及知识，一边在老师的指导下进行实验操作。通过抽象知识与具体实验的结合，在观察物理现象的基础上，建立物理概念或导出规律，学生对于知识的理解更加深刻。这一教学形式，符合现代教育理念对学生主体地位的要求。边讲边实验对教师能力提出了较高的要求，作为教师，需要做好充足的准备。

首先，在边讲边实验的教学之前，教师要明确实验教学目标及任务，将实验内容、原理及方法、步骤、操作注意事项等，立足于学生实际，转换成启发性的问题，以引导学生思考。并同讲解、讨论、动手操作紧密结合起来，使学生每做一步实验都围绕实验目标、实验任务，并自行讨论探索。其次，教师需要设计引导学生实验的一系列问题，这些问题的设置，必须与学生实际相结合，能够激发学生的兴趣，对学生的思维有较好的启发作用，同时，还要能调动学生动手操作的积极性。此外，教师还应该考虑到突发问题的应对措施。再次，实验仪器的准备要充分，检查仪器的质量与安全性。教师还应该善于利用身边的资源，鼓励学生发挥思维的创造性和能动性，自制简易仪器。这样既锻炼了学生的思维，也满足了学生的成就感，学生用自制仪器进行实验，积极性更高，效果自然也就更理想。最后，教师需要根据学生的情况，选择合适的方法，对学生进行科学的引导和帮助。

4. 练习课

练习的目的在于学以致用。这也是学习的终极目标所在，因此，练习课对于物理教学极为重要。对所学知识的练习，一方面具有巩固知识的作用；另一方面有助于培养学生知识迁移能力，将理论知识的学习转化为运用知识解决实际问题的能力。物理练习课的开展，能够巩固学生的物理知识，训练学生的物理技能，培养和掌握解决物理问题的思维和方法。

5. 复习课

复习课，是对前一阶段所学知识的巩固。依据心理学家艾宾浩斯（H. Ebbinghaus）的遗忘曲线理论，适时的复习能够缓解遗忘。因而，复习课的开展，便是针对学习过程中的遗忘现象所采取的一种教学形式。通过复习，加深学生对所学知识的记忆，深化对物理概念、定律的理解，对所学内容进行前后联系，建立知识间的联系链。

针对遗忘规律所开展的复习课，一般可分为两大类，即平时复习和阶段复习。平时复习可贯穿于物理教学的一般过程之中，不局限于固定的时间和场合。只要是物理教学，都可以引导学生进行知识的巩固与复习。作为物理教师，可根据物理学科的特点以及学生的实际情况，制订科学合理的复习计划，灵活选择复习的内容和方式。例如，可以在讲授新课的时候，引导学生回忆与新课内容相关的旧知识，达到温故而知新的效果。

阶段复习可在一个单元、学期中或学期末任何一个环节进行，也可以综合进行。不同的阶段，教师要根据教学的内容和任务要求，以及学生的学习情况，有针对性地选择复习的内容，以照顾到不同水平层次的学生。阶段复习可选择在一单元学习之后，或是一个学期的期中、期末，根据学生及教学的实际情况，组织一至数节课用于物理知识的复习。

在复习教学过程中，应该注重对重要物理概念、定律的强化，培养学生知识迁移、解决实际物理问题的能力，以及物理学习方法的掌握，从而增强学生对所复习内容的理解，以形成对知识结构的新的认知。无论是哪个阶段的复习形式，都应该遵循循序渐进及联系的原则，从知识内在联系的角度，引导学生主动构建知识间的联系体系，实现知识的迁移与延伸。

在知识体系中，教师首先要引导学生根据构成知识体系的各部分在整体结构中的地位，给予不同程度的巩固和强化，以达到吸收和内化的目的。在此基础上，还需要培养学生应用物理工具（物理模型、实验设备等），掌握物理方法，熟练技巧，进而实现运用知识解决实际问题的目的。

判断复习课的效果可借助以下问题来衡量，即物理基本概念、规律是否理解并掌握？是否形成散在知识间的内在联系？知识的整体结构是否形成？等等。如果这些都实现了，学生的物理学习方法与能力也将会得到提升。

6. 教学参观

当前我国学校教育的主要形式是课堂教学，但课堂教学的时间和空间都是有限的，加之日复一日固定化的教学模式，学生容易产生视觉疲劳。教学参观能够带给学生焕然一新的教学体验。教学参观，又称为现场教学，它是课堂教学的补充和延续，是教学理论与实践结合原则的主要形式。对于初中阶段的物理教学参观来说，其一般都会安排在某一部分内容的学习之后，一方面，能够强化学生对物理知识实用性的认知，加强学生对知识与实际的联系，拉近物理与生活的距离，便于激发学生的学习动机和兴趣；另一方面，通过在实践中的运用，达到巩固知识，加深对知识的理解，进而促进知识的迁移与运用的目的。

为了提高教学参观的效果，教学参观的对象是关键。参观对象的选择要符合学生的学习水平和认知能力，既要能够激发学生的参观热情，还要便于学生直观地看到体现相应物理现象、定律、原理的各装置和部件。除此之外，还要充分做好教学参观的准备。

第一，教师要提前做好踩点，了解参观对象的基本情况，以及就相关事项进行了解、分析和研究；第二，要与参观对象方就相关问题达成一致，尤其是要与技术负责人充分协作，实现物理教学内容与参观对象的协调，在技术术语与物理术语间建立联系，为教学参观减少阻力；第三，制订参观计划，提出总结提纲，考虑好讨论方案，选定教学程序和实施措施。

（二）综合课

与单一课相对的是综合课，因而，它与单一课的不同之处在于综合课是在一节课内同时进行多项任务的教学。这种课型一般适合于教学内容相对简单、不需要花费一节课就能完成的情况。或者根据教学的需要，同时进行几项教学内容的学习、同化、强化、活化的任务。从学习者的角度来看，如果学习者年纪较小，有意注意意识不强，注意力很难长时间集中于一个目标上，这个时候通过不断转换教学内容，就能够很好地刺激学生的意识，以维持注意力的集中，收到较好的教学效果。

在综合课的教学中，可采取PBL教学模式，即为解决一个实际问题而查找资料获得一些必要的专业知识，然后以小组的形式相互交流，获得知识，并讨论如何用所获得的知识解决问题。在讨论过程中还可能出现新的问题，学生就需要反复循环地进行查找资料—交流—讨论，直到问题得到解决。基于PBL的初中物理教学设计，笔者以初中物理浮力教学为例。

1. 教学内容分析

首先，教师可列出学生在"浮力"一课中需要掌握的知识点，如浮力的定义、下沉的物体是否受到浮力、影响浮力大小的因素、阿基米德原理等，其中探究影响浮力大小的因素为教学重点，阿基米德原理为教学难点。然后，根据学生认知发展规律及思维培养的需要，教师可稍加修改教材内容顺序，将称重法测浮力放在探究影响浮力大小的因素时进行教学。其次，教师引导学生联系前后章节，通过梳理可发现：前一章"力与运动"的知识成为浮力学习的工具，本章所学"液体压强"的知识可为浮力的学习提供铺垫，浮力的学习也有利于后面"物体的浮与沉"的学习。

2. 教学活动的设计

基于PBL教学模式的浮力课堂以学生小组实验探究为主，教师先营造学生自主学习的氛围，将学生进行分组，呈现真实的问题情境，提出结构不良问题，并提供问题解决的相关素材。学生进入情境，运用二力平衡的知识对乒乓球和鸡蛋进行受力分析，将结构不良问题转换成结构良好的物理问题："怎样增大浮力"。学生小组讨论进行问题初探，列出已知内容"什么是浮力"和未知内容"影响浮力大小的因素、测量浮力大小的方法"，学生根据"死海"的神奇浮力提出猜想：液体密度影响浮力大小。列出验证方案，结合课本和素材进行实验探究，解决问题：要想从洞里取出鸡蛋，应该往洞里加浓盐水。

各小组展示成果，汇总后得到结论：增大浮力的方法包括增大液体密度。

此时本节课还没有结束，教师提出引导性问题："用浴盆洗澡或将手压入水中的时候有什么感受"，学生进行问题再探究："浮力大小还和什么因素有关"，重复以上探究过程，得出"浮力大小与物体排出液体体积有关"的结论。最后让学生体会阿基米德的探究过程，辅以学生实验，激发学生勇于探求科学真理的热情，培养学生实事求是的科学态度。最后教师总结本节课所学，并进行学习评价，让学生反思在本节课的表现。

3. 基于PBL的浮力教学设计的评价

课堂评价环节是PBL教学模式的一个重要组成部分。其一，是对教学设计的评价，包括对教学目标、教学内容、教学方法、教学手段的评价；其二，是对教学实践的评价，包括学生掌握本节课几个知识点的程度、解决实际问题的程度、课堂参与度与学习热情、分析与界定问题的能力、记录与分析数据的能力、设计探究浮力大小影响因素实验的能力、总结与评价交流的能力等。经过笔者的实践验证，学生在PBL教学模式下学习兴趣大幅度提高，动手和合作能力都得到训练。

第三节　初中物理教学中存在的问题

　　基本的物理概念、规律以及简单的物理应用方法等是初中物理教学的基本内容。通过对这些基本知识的学习，有助于学生对物理学科的了解，为进入高一阶段的物理学习打下坚实的基础。在教育现代化的背景下，我国加快了教育改革的步伐，物理教学的改革也在进行着。无论是学校还是教师，都应该树立改革的意识，以现代教育理念为指导，打破传统的初中物理教学模式，改进教学中存在的现实问题，为提升物理教学效果、培养优秀的物理人才做好充分的准备。

一、初中物理教学特点

　　一方面，作为一种教学活动，物理教学具备一般的教学活动的基本特征；另一方面，基于物理学科自身的特色，以及教学目的，物理教学又有其特殊性。具体表现在以下几个方面。

（一）以观察和实验为基础

　　物理是一门科学性和实践性都较强的学科，科学性源于实验，实验离不开观察，因而，观察和实验成为物理教学的基本特征，在物理学的形成和发展中发挥着重要作用。物理研究中的观察和实验方法，影响并制约着物理教学过程。因而，物理教学离不开观察和实现。观察和实验，是学生透过物理现象获得感性认知的前提，它为学生进行物理思维、实现从感性认识到理性认识的飞跃提供了必要的手段，有助于学生对物理知识的建构。观察和实验是物理教学的基础，教师要有意识地利用它们来组织教学，激发学生学习物理的兴趣。通过这种方式，有助于锻炼学生的观察、思维及动手操作能力，这也是学生思维能力及实验能力提升的基本途径和重要手段。

初中物理新课标明确了对学生观察能力及实验能力培养的要求，要求学生"知道实验目的和条件、制订实验方案、尝试选择实验方法及所需要的实验装置和器材、考虑实验的变量及控制方法"；要求学生"动手做好实验并重视收集实验数据，要充分体现学生自主性和时代特征"。与此同时，对教师职责也提出了相应的要求，即要求物理教师做好演示实验，指导并鼓励学生多做课外小实验，提高动手能力；学以致用，以实现知识的有效迁移和转化，激发学生的探究欲望。

（二）以概念和规律为中心

物理概念和规律是物理学科的灵魂，是物理学习的根基。因此，有必要重视物理概念和规律的教学，并将其视为教学的核心。物理概念和规律是物理知识体系的支撑，只有理解并掌握物理概念和规律，才能够形成对物理学的正确认知，实现全方位物理图像的生成，以及物理知识的系统化学习，促进知识的迁移，并缩小知识间的差距。所以，概念和规律对于物理教学至关重要。由于概念和规律的形成建立在科学的观察和实验的基础之上，是对物理现象的客观反映，是人的抽象思维的产物，因而，以概念和规律为中心的物理教学，对于学生其他能力的培养和提升具有重要意义。

（三）以数学方法为重要手段

任何学科都不是孤立存在的，与其他学科间有着密切的联系。物理学注重逻辑思维，涉及一些客观的数据，其与数学的联系不言而喻。数学方法在物理教学中的运用，所展现的优势如下。

一是高度概括性，能够将复杂的物理概念和规律，用极具概括性的语言表述出来，便于学生的理解。二是简洁而又严密的逻辑思维方式，有助于促进物理思维的形成；三是作为计算工具所表现出的严密性、逻辑性、可操作性等特点，在物理理论的建立、发展、应用等方面更显出巨大的作用。总而言之，数学方法和数学思维在物理教学中的运用，有助于学生的学习方法和思维向物理方法和物理思维的过渡，从而在分析和解决物理问题时，自觉地将其与数学的思维和方法结合起来，做到二者间的互为转化。一方面将物理问题转化为数学问题，用数学思维和方法解决物理问题；另一方面，从数学表达式中深刻领悟其中的物理内涵。唯有如此，才能达到对物理知识更加深刻的理解，学生分析和处理物理问题的能力也才能够有所提升。

（四）以辩证唯物主义思想为指导

在我们的生活中，辩证唯物主义思想随处可见，物理教学也体现着辩证唯物主义思想。这种思想引导着物理教学的过程和方向。辩证唯物主义思想是科学的思想观和意识，影响着人们的思维方式，与此同时，对于人们世界观、人生观的形成和发展起着重要作用。因此，在物理教学中，坚持辩证唯物主义思想尤为重要，对于揭示和阐述物理概念、物理规律的内涵和外延，探索物理的本质有着非常大的促进作用。物理教学充满了辩证唯物主义思想，学生在接受知识的过程中，也伴随着辩证唯物主义世界观和方法论的熏陶。学生受到熏陶的程度，不仅受辩证唯物主义思想在知识结构中隐含程度的影响（不同知识结构隐含唯物辩证主义程度不同，即使是同一知识结构，其隐含辩证唯物主义程度也不同），而且还受组织和传授知识方法的影响。

（五）发展学生的情感、态度、价值观

教学的终极目标在于培养全面发展的人才，因而教学的过程，应该是围绕这一目标而展开的，可看作培养学生全面、和谐、健康发展的过程。教学不仅是知识的积累及能力提升的过程，具体到物理教学，其教学的意义也不能仅仅是为了指导学生学习物理基础知识，培养学生物理思维与创新能力，还应该在物理教学中，面向全体学生，融入情感教育，促使学生心与智的和谐发展。

物理学渗透着科学精神与思想品质，物理学习能够磨炼学生意志，促进学生科学态度与价值观的养成，帮助和促进不同层次的学生在获得知识的同时，人文精神与品质也得以充实。基于这一点，物理教师就应该面向全体学生，关注学生的发展实际，立足于学生的未来，从思想、情感、道德品质等方面展开物理教学，为学生终身发展打下基础。

（六）培养学生对社会的责任感

物理学是一门人文与科学并重的学科，因而教学的开展应注重将人文精神与科学精神并举，关注人与自然、社会的协调发展。因而，物理教学在渗透人文精神与学科素养的同时，还需要加强物理学与科学技术、社会的联系，以提升学生对物理学科的认知，明确物理学在科学技术发展中所发挥的作用，引导学生了解科学技术的发展给社会所带来的负面效应，从而增强学生的社会责任感，树立正确的价值观。具体要求如下。

一是充分发挥现代技术的优势，通过多种渠道，获取丰富的物理教学资

源。教师应根据教学需要和学生能力水平，尽可能选择学生感兴趣的，与生活实际相关的案例，以此丰富并充实物理课程内容。由于课堂时间有限，在内容的安排上，就需要教师精选、精讲，根据教学实际，科学合理地安排教学过程，尤其需要在教学中突出学生的主体性，让学生通过自主学习，或阅读教科书或补充材料，收集与物理相关的信息，在合作探究的过程中，在有限的时间内获得更多的知识。

二是坚持课堂内外相结合的教学原则，积极推动社会实践的开展。由于物理学是一门科学性和实践性都很强的学科，与实际生活联系也较为密切，因而，物理教学的开展，不应该仅关注书本知识的学习，而应该将课堂教学延伸至课外，将书本知识与生活实际相结合，通过开展多种形式的实践活动，让学生走出课堂、走入社会，从生活实际中感悟物理知识及原理，从而激发学生的物理学习兴趣。

二、初中物理课堂教学现状

伴随教育改革的逐步深化，物理教学也相应地发生了一系列变化。基于物理学科特点及教学现状的研究，对于指导物理教学未来的改进与发展有着积极意义。对于物理课堂教学的现状，笔者认为具体可从以下几方面把握。

（一）学习动机

教学效果的好坏，一定程度上受到学生学习动机的影响。学生只有具备一定的学习动机，学习兴趣与热情才会浓厚。兴趣是最好的老师，在兴趣的作用下，学习效果与教学效果都是最为理想的。从学习理论来分析动机，动机是学生引发学习行为的主观原因。从动机产生的因素来看，学习动机分为内在和外在两种形式。从内在动机来看，它是学生主动开展学习；外在动机主要是受外部刺激而产生的学习行为。

对于学生群体来说，每一个学生都有自身的特点，是独立的个体。由于受多种因素的影响，学生的能力水平参差不齐，以不同层次水平的学生来说，成绩较好的学生，其内在动机所占比重较大；而处于中间水平的学生，内外动机基本持平；而成绩不理想的学生，其学习动机主要来自外在。由此不难看出，动机与学生的学习能力有着直接的关系，内在动机更容易推动学习行为的生成。所以，作为教师，要重视内在动机的作用，积极引导学生进行自主有效的学习，通过强化内在动机，以提高学生的学习兴趣。

（二）学习主动性

一般来说，教师都能够认识到学习主动性的重要性，因而也会有意识地在物理课堂教学中开展以主动学习为主的教学活动。而课堂讨论是最为常见的形式，它能够有效地引导学生在讨论的过程中，锻炼自主探究的思维及意识。

然而，这些只是理论上的效果。事实上，在讨论教学中，很多讨论只是一种形式化的活动，学生并未真正投入其中，也并未在讨论中进行深入思考。而当学生真正有意向思考时，才会呈现对某一问题探究的强烈欲望，在探究欲望的驱动下，学习才是主动性的。从实践上来看，教师的实验演示对于学生学习的兴趣有着一定的激发作用。所以，要达到促使学生具有学习主动性的目的，物理教师需要丰富课堂教学形式，以调动学生学习的积极性，通过有效性的提高来推动学生物理思维的能动性。

（三）批判思维

物理学的任务之一便是要培养学生尊重客观规律，尊重科学的思想意识。从物理教学实践来看，批判精神是物理学习必不可少的。学生对于具体的物理实验及问题，一般都会主动进行实事求是的记录，对于实际数据与标准之间出现的不一致性，也会对出现误差的原因进行积极的探究。而他们对于教师在教学中所出现的错误知识点，一般都不会质疑，也就是说，对于教师，他们没有表现出强烈的批判意识。这主要是由于受传统教育思想中教师权威的影响，导致大部分学生对老师表现出敬畏的心理，不敢直接指出老师的错误，而如果是教材出现了错误，可能有一部分学生会选择主动地进行知识点的确定，而另外一小部分人会选择以一个较为不确定的形式来进行知识的学习。同样，对于自我评价来说，很多学生，甚至是大部分学生不约而同都会出现"当局者迷"的倾向，缺乏自我批判意识。因此，在物理教学中，教师要有意识地激发学生的自我批判意识，形成反思习惯，从批判意识出发，来培养学生的物理批判思维，进而引导学生开展批判性的学习，以促进学习有效性的提升。

（四）知识迁移

知识迁移是学习的基本要求，也是学习能力的一种体现。物理学习尤其要重视知识迁移。知识迁移及其相关性是物理学习的重要方式，知识与理论之间的相关性、理论与问题之间的关联都是形成其物理体系的重要知识点。

然而，实际上，有些学生虽然对于理论知识与实际生活具备一定的迁移能力，但是对于物理思维能力间的迁移较为欠缺，思考问题的模式较为固化。主要表现在对物理中某一知识点的学习之后，在练习中只知机械地套用公式、定律，而不善于灵活变通，无法做到举一反三，究其原因是缺少了对于物理知识的思考与探讨。由此，需要强化知识的迁移能力，如果学生欠缺对于物理知识与实际物理问题之间的关联性的认识，自然也就无法有效地利用物理知识去解决实际的物理应用问题。

三、初中物理教学模式和教学方法创新的途径

创新教学模式和教学方法是当前物理教学改革的必然选择，笔者在结合我国物理教学现状的基础上，分析了物理教学的大纲，对教学模式及方法的创新，提出了以下几点建议。

（一）转变教育理念，应用探究式教学模式

物理教学要适应现代教育发展的要求，必须以先进的科学理念为指导。教育理念的转变，是教育改革的前提和基础。人类社会是发展变化的，任何事物也都处于变化之中，由此，适应社会发展的最主要途径便是与时俱进。教育也理应如此，教育要适应时代发展的要求，势必先从理念上转变，以现代教育理念取代传统的教育理念。因此，具体到物理教学，也应该首先从理念上转变，在先进教育理念的指导下，进行教学模式的创新，彻底抛弃传统的"满堂灌"模式。

现代教育强调学生的主体性，探究式教学能够最大限度地发挥学生的主体性和能动性，让学生在自主学习与探究中展开物理学习。这对于调动学生学习的积极性、自觉主动地融入物理教学的过程，让学生在合作与探究中激发思维的能动性和创新意识，培养学生的独立学习、思考解决问题的能力具有积极的促进作用。

另外，合作精神也是现代人才所必备的一种精神品质和能力，物理教学也应该注重对学生合作精神的培养。探究式教学的特点之一便是引导学生通过对话与讨论的形式参与教学，取长补短，发挥自身优势，在讨论中与他人进行合作与交流，以发现问题、解决问题，在互助中共同成长进步。

（二）建立良好的新型师生关系

随着信息社会的发展，教师已不再被视为知识的唯一拥有者，学生获取知识与信息的渠道更加多样化，电视、网络、新媒体等都可以成为他们获取信息的来源。甚至对于某一方面的知识或信息，学生超越了老师也不无可能。面对社会变革所带来的一系列机遇与挑战，教师必须保持清醒的认识，在思想上跟上时代的步伐，自觉主动地应对挑战。

首先就需要调整态度，重新审视自己的能力和工作方式，改变过去的教师权威的传统思想，为建立一种新型的师生关系而努力。这种新型师生关系，建立在师生间地位平等的基础上，所呈现的师生关系更像是合作伙伴，在互助、交流中共同进步。作为教师，要关注学生的成长，及时了解学生的心理和需求，努力走进学生的世界，获得他们的信任，并与他们成为朋友。只有这样，才能了解学生的真实想法，与他们展开平等的对话，达成相互理解。只有了解学生，才能做到因材施教，才能调动学生内在学习动力，促使不同层次水平学生都能够取得学习的进步。

此外，教师要平等地对待每一个学生，无论成绩好坏，"不抛弃、不放弃"是教师应该秉承的教育理念。对于成绩不理想的学生，教师要给予更多的关注，一方面，提供学习的"依靠点"，为其成绩的提升搭好支架，通过循序渐进的方式，让他们体验到成功的喜悦；另一方面，挖掘学生身上的闪光点，鼓励其走出自卑的阴霾，进而树立学习物理的信心。

教育是一门学问，教育的艺术不在于传授本领，而在于对学生的启发。作为教育者，不能以分示人，重要的在于通过分数，了解学生知识的掌握情况，分析问题的所在，进行查漏补缺的引导，以避免同类错误的再犯。教师还应该多留意成绩变化大的学生，对于学生的进步及时表扬；而对于退步的学生，在及时指出问题的同时，更应该发现他们身上的闪光点，这样既能做到照顾学生的情绪，也能充分调动学生学习物理的各类积极因素，促进学生全面、协调发展。

（三）加强学法指导，引导学生掌握学习方法

随着知识的不断加深，以及学生学习任务的加重，教师对于知识的讲解，由最初的大而全转变为精讲典型，学生要适应这种节奏的变化，就必须掌握学习的要领。"授人以鱼，不如授人以渔"，教师应该加强对学生学法的指导，

促使其掌握物理学习的方法、技巧。再者，"学而不思则罔"，还要引导学生在学习中勤思考、善发问，鼓励学生在学中思，在思中学。总而言之，在物理教学中，教师要善于渗透各种物理学法。如控制变量法。控制变量法是科学探究的重要思想方法，广泛地运用在各种科学探索和科学实验研究之中。它是将多因素的问题分解成多个单因素的问题，然后再逐一进行解决，如初中探究影响滑动摩擦力大小的因素、探究影响导体电阻大小的因素以及热效应的因素等。

第三章

核心素养导向的物理教学设计

第一节　初中物理学科核心素养的现状分析

一、初中物理学科核心素养的现状

（一）物理概念

基于核心素养的概念与《全日制义务教育物理课程标准》，笔者提出了初中阶段应该形成的基本物理概念：

第一，在学科知识方面，学生应该认识到自然界是一个客观的物质存在，它是处在不断的运动变化之中的。这一点概括来说，就是必须具备科学世界观的意识。既然自然界是客观存在的物质世界，那么构成自然界的万事万物，都是有其自身属性的，其属性也是客观的，而真空是物质的特殊形式。此外，物质世界运动变化的规律，说明任何物质都不存在绝对的静止状态，运动和静止是相对的。

第二，探究是获取知识的重要途径，物理学中的概念、定律、原理等的形成，都建立在探究的基础上，牛顿第一定律揭示了宇宙中的相互作用力，例如力可以改变物体的运动状态或者改变物体的形状；在物理世界，能量之间可以通过做功进行相互转化，且在转化过程中能量是守恒的，例如动能与势能的转化等。

第三，在生活应用方面，物理与人类生活密切相关，物理学对于社会的变革与发展起着极大的推动作用。

（二）科学思维

初中物理是为高中物理及物理能力的提升做铺垫的，因而其内容相对简单，是一门基础课程。与此同时，物理也是一门科学课程，具有独特的复杂性和逻辑性。而对于初中阶段的学生来说，他们的思维能力还有待提升，以致

"科学思维"这一核心素养的培养不如高中阶段具体深入。但这并不意味着初中物理学科思维不重要，相反，随着学生年龄的增长、心智的发展与成熟，其思维能力有着很大的提升空间，因此，在这一阶段，对学生进行思维能力的发展显得极为必要。在物理基础教学中，要有意识地引导学生科学思维的逻辑性、灵活性、创造性、批判性等。

第一，要引导学生在经验事实的基础之上发挥思维的创造性，将抽象的概念具体化、形象化，通过抽象与具体的转化，建构生动的理想模型，将复杂的概念、定律等简洁化。正如 T. S. 库恩所说："科学研究的本质是建立理论和模型以不断加深对自然本质的理解。"初中阶段常见的物理模型有质点、杠杆、电荷、理想导体、绝缘体、纯电阻、理想电表、光线、薄透镜、原子结构模型等对象模型；光滑的平面、大小与方向始终不变的力、不计绳长和绳重的绳子、真空环境等条件模型；匀速直线运动、自由落体运动等过程模型，此外还有建立坐标系等数学模型。

第二，引导学生进行逻辑思维，针对一般的物理现象或原理，进行科学的演绎推理及合理的论证。物理是一门逻辑性较强的学科，因而，科学的推理是物理知识学习的关键。推理的过程建立在学生已有经验及知识的基础上，按照一定的逻辑程序，从现象到本质，再从对本质的探究中解决问题，获得新的知识。这一过程，所反映的是人的认知能力提升的过程。

在推理之后，还需进行科学的论证。科学论证的过程，要做到准确、详细，关注知识的产生过程，引起认知冲突，以激发学生对科学严谨性的感悟。在此基础上，达到逐渐提高科学思维的目的。

第三，培养学生的质疑创新思维。质疑与创新符合现代社会对人才的基本要求，既是物理学习所必需的科学态度，也是科学的思维能力的体现。质疑建立在对客观对象的理性思考之上，是深思熟虑之后所提出的，而非脱离客观实际的胡思乱想；创新是基于客观实际的有效探索，具有可行性和可操作性，而非不切实际的随心所欲。无论是质疑还是创新，都要求学生必须具备一定的知识储备、思想的发散性；要求学生能够对客观事物或现象进行准确的把握。质疑与创新虽然是两个不同的概念，但它们之间有着一定的联系，质疑是创新的前提，在知识形成的过程中，对任何事物都进行细致的琢磨，在探索中形成自己的观点，从而不断强化自身的科学思维品质。

（三）科学探究

科学探究是指知识的获得方式是在不断的探索中形成的。探究式教学是现代教育理念所倡导的一种教学模式。其最大的优势在于，符合学生的认知规律，能够让学生最真切地体会到知识的形成过程，理解科学概念与科学规律，领悟科学精神。新的课程标准，突出了科学探究在学科中的地位，科学探究的作用在物理学科的学习中表现得尤为明显，科学探究是物理学科核心素养的根本，是物理教学不容忽视的内容。它既是一种精神，也是一种能力，更是一个过程，探究的模式因教学内容的不同而各有差异，但又存在某些共同的要素。

第一，在物理探究的过程中，能够根据生活中的现象与物理学联系起来，在现象与物理知识间建立联系，提出有效且可落实的问题，通过物理语言准确表述出来，口头或书面都可以作为其表述形式。

第二，结合已有的经验与知识储备，或立足于现实的客观对象，进行有效性的推断，提出具有科学依据的假设或猜想，并保证设想的可行性与可操作性。

第三，将建立在事实基础上的假想或猜想付诸现实。即针对所提问题或设想，首先明确实验探究目的，进而选择合适的实验器材，制订切实可行的实验方案，尝试多样化的探究方法，在探究的过程中，不断地发现问题，改善方案，进而促进问题的解决。

第四，在进行实验探究的过程中，需要重视数据的收集，一般来说，要丰富数据的收集途径和手段，以最大限度地保证数据的完整性与准确性。通常，数据收集的途径包括查阅有关资料文献、实地考察、通过实验操作等。除了需要掌握数据收集的方法外，还需要善于将收集的数据信息进行科学归纳与整合，进行信息的加工处理。

第五，将所获取的信息运用于推理的过程，得出最终的结论。将所得结论运用于对之前所提问题或是设想的更进一步描述，或撰写实验报告。

第六，呈现探究结果，并展开相应的交流与讨论，在此过程中，需要具备评估与反思的能力。在面对他人质疑时，还应该做到在进一步的论证中查缺补漏，逐步完善探究过程。

（四）科学态度与责任

初中物理是基于物理学的认知及人文素养的培养，以为学生进入物理高一阶段的学习及物理能力的提升打好基础。物理学的发展历程为学生科学态度与责任的培养提供了良好的文化支撑。作为一门科学，物理学的科学本质体现在生活和社会的各方面，也影响着人们的生活和社会的发展，有助于学生人生观、价值观的塑造。

对于初中阶段的学生来说，他们的思维较之小学阶段，在敏捷性、灵活性、创造性、批判性等方面都已有较大的发展，并且已初步形成抽象思维的能力，能够理解并掌握一些简单的抽象的物理概念与规律，能够借助思维对一般的假设性问题进行合理的推理；与此同时，还应具备一定的运用能力，能够对生活中的某一现象运用物理理论进行分析。值得一提的是，初中生的逻辑思维，以经验性成分为主，也就是说，他们的抽象逻辑思维建立在以往经验的基础之上，或是以具体事物为依托，由此难免会表现出主观片面性，极容易陷入臆断之中或想当然。

随着物理学习的不断深入，学生基于物理学习的兴趣也由直接兴趣转为更高层次的间接兴趣，这也就意味着，学生不再仅仅是因为对象本身或结果而感兴趣，其更加热衷于知识建构的过程。这种兴趣会对物理学习产生更为持久的影响，深化物理知识的形成与认知。

物理核心素养所体现的是教育目标的细化和科学化，在初中物理教学中，立足于学生发展的目标，在因材施教的教育方针的指导下，运用科学有效的教学策略，促使学生在获得知识的过程中，得到基于物理概念、科学思维、科学探究、科学态度与责任的协调发展。

二、初中物理核心素养的建构因素分析

（一）初中生生理心理特点

初中阶段，是青少年成长发育的关键时期，处于这一阶段的学生，生理、心理都会发生一系列较为显著的变化，这一时期，也被称为青春发育期。在这一时期，学生生长迅速，身高体形的变化是最基本的，也是变化最大的。由于生长迅速，骨骼肌肉容易疲劳，神经活动不稳定，由此，造成学生心理的极大波动。这一时期，学生的大脑也处于快速发展的阶段，因而，这一时期强化学生思维的训练就显得尤为必要。科学的思维锻炼，能够促进学生大脑的发育。

从心理角度来看，这一阶段是由形象思维向抽象思维发展，甚至是向着更高阶的抽象思维转化的阶段。学生的自我认知逐渐形成，表现出强烈地对人格

与个性的追求，这一时期也被通俗地称为青少年的叛逆期，众多心理学家对此进行过研究。如皮亚杰的认知发展阶段理论，在他的认知理论中，个体的认知发展被分为四个阶段，分别为0~2岁的感知运动阶段，2~7岁的前运算阶段，7~11岁的具体运算阶段，以及11~16岁的形式运算阶段。由此可以看出，初中学生处于形式运算阶段，其特点主要在于初中生已摆脱了依赖于具体内容的形象思维，能够根据逻辑推理或演绎解决问题，思维具有可逆性和灵活性。

基于以上分析，安排初中物理基于现象与实验概念与规律的教学，有助于学生通过思想的转换，促进对知识的理解与内化。

与此同时，还应该注重学生思维转化的年龄特点。埃里克森的心理社会发展理论将人的一生分为若干阶段，初中阶段处于该理论中自我同一性的角色混乱阶段。这也是初中生叛逆的高发时期。学生的自我认知相对片面，与实际存在差距，往往会形成错误的自我认知，也会有较强的假象经验主义产生。因此物理教学必须通过具体的实验，去改变学生的认知，从实验中形成对概念、规律的正确认知，帮助学生养成求真务实的科学精神。

（二）教材与知识特点

新课改自推广以来，对学校教育产生了积极的影响，并使其发生深刻的变化。新课程的提出，建立在国家对课程整体规划的基础上，由国家制定统一的课程标准，各省级单位可使用国家统一出版的教材，也可以围绕课程标准，结合地方实际编制符合各省特色的教材，甚至是针对学校特色而编写教材，极大地赋予了课程的灵活性。我国目前新课程的特点在于推出了国家、地方、校本三级课程，增强了课程对于地方及学校的适应性。这也是当前我国初中物理教材出现多个版本的主要原因。尽管教材版本多样，如人教版、沪科版、苏教版、沪粤版等，但每个版本所涵盖的内容基本都是一致的，都离不开物理教学的课程标准，变化的只是教材素材的选取以及扩展性内容。

综观每一个版本，可以看到，各自的区别主要在于对教材素材的选取与组织方面，大都结合了地方特色；而在内容和章节的安排上大同小异，基本上没什么大的差别。从整体上来看，章节顺序相似度极高，这是基于学生认知规律而进行的刻意安排。内容安排，主要遵循的是物理学研究发展与知识难度。这也符合教学的一般规律，知识的编排遵循螺旋式的原则。

初中物理在整个物理学科体系中是最为基础的，也是为后续的物理学习做铺垫的阶段，需要学生学习和了解的知识多而杂。初中物理所涉及的知识点，大多都可以通过实验展示现象，而且在教材结构的组织上，不同版本的教材都不一而同地设置了书中栏目实验、想想做做、演示、扩展性实验等，这些栏目被安排在不同的章节之中。之所以进行这样的安排，是基于对实验探究的重视，物理教师要能够运用实验来直观地呈现知识规律，培养学生的动手与探究能力。

（三）教学与社会环境特点

教育伴随着人类社会的产生而出现，同时也受社会环境的影响和制约。所以，对教育的探讨，绕不开社会环境这一话题。环境对教育的影响是巨大的，尤其是自人类迈入21世纪以来，人类社会已发生翻天覆地的变化，信息技术已融入人们生产生活的各个领域，改变了人们的思维方式和行为。其对于教育领域的影响也是显著的，表现为教育技术与方法的更新。

面对社会的日新月异以及信息与技术的快速更迭，仅满足于传统知识的掌握是远远不够的，还需要跟上社会的发展，结合时代背景与社会资源，充分发挥现代教育技术的优势，引导学生自主探寻获取知识的方法，培养其自主学习与探究的能力。作为一门基础学科，物理学集科学性与实践性于一体，它与人类生活息息相关，生活中各种现象或事物都可以通过物理知识来反映。教师要善于将物理与实际生活联系起来，关注科技前沿，提升物理的实用性与生活性，让学生感受到物理的实用价值和社会意义。

信息社会的不断发展，尤其是多媒体技术和网络技术的发展，推动了教育技术的变革，使得现代物理教学手段更加多样化，教学资源也更加丰富，教学形式更加多元，给物理教学带来了深刻的影响，如物理教学中的抽象概念、难度较大或危险性较大的实验，都可以通过现代化技术与多媒体手段来实现，使教学内容更加形象化、具体化，通过多媒体或动画的展示，学生能够更直观地从观察中获取知识，深化理解。与此同时，社会化资源，如各类科技馆、博物馆等，也可以成为物理教学的辅助，教师要充分发挥社会化资源的优势，作为课堂教学的补充与延续。此外，信息时代所带来的便捷的网络现代化，成为人们获取信息资源的重要途径，教师要引导学生有效利用网络资源，开展自主学习与探究，从而提升学生这两方面的素养。

三、初中物理融入核心素养的策略

我国传统的学科教学，将教学与核心素养割裂开来，要实现二者的协同并举，势必需要进行教学模式的转型。对于核心素养的培养，首先，需要从观念上转变。作为教师，要确立核心素养培养的意识，进而基于核心素养，明确与之相应的教育理念，在此基础上进行教学模式的调整。具体措施如下。

（一）转换教育观念，强化育人意识

核心素养的落脚点在于人的全面发展，因而融于核心素养的物理教学设计，强调学生的主体地位，教师作为教学活动的组织者和引导者，应该摆脱传统教学理念的束缚，改变重结果轻过程的教学观念，把教学的本质从教授知识转变为育人。这就需要教师对自身角色有一个准确的定位，对于物理教师来说，转换教育观念，首先需要认识到教师的身份，以教师的身份来确定教学的任务是育人，而非单纯的学科知识的传授。教师要尊重学生，关注学生的成长，并为学生的长远发展制定科学的规划，培养学生适应社会发展的能力和品质，真正落实教育育人的任务。

（二）拓宽研究领域，进行学科统整

综观各类有关核心素养培养的研究，国内外在基于核心素养的培养方面有所不同。其他方面的调查研究也表明，学科统整对核心素养的落实功不可没。核心素养不应该只是存在于某一学科之中，不能为学科机械地割裂。因而，学科核心素养，不能专注于各自学科的方向，而需要各学科间的统筹统整，合作进行。

对于教师来说，需要加强学科间的联系，不断扩宽本学科研究领域。例如，加强物理与文学、心理、数学等学科的联系，为核心素养的培养搭建桥梁。作为教师，不能仅局限于本学科，而是要具有开阔的视野，对学生进行全方位的培养，这就需要加强学生人文、审美、心理健康等方面的熏陶，不仅从纵向上做好学科知识的梳理与核心素养的融合，还应该从横向上强化学科间的联系。强调教学内容的综合性、动态性，为核心素养的培养创造良好、和谐的学科环境。

（三）梳理学科框架，寻找素养切入点

素养教育的培养，是一个长期的、系统的过程，不仅反映在整个学校教育

之中，也反映在教学活动的任一环节及课程之中。课堂教学是学校教育的主要形式，因而，它也应该是核心素养培养的主阵地。因此，作为教学活动组织者和实施者的教师，应该强化课堂在核心素养培养中的地位，集中精力钻研核心素养框架，系统整理学科知识，为促进二者的有机融合搭建桥梁。首先，需要着眼于教学目标的设计，教师需要以科学的教育理念为指导，树立核心素养意识，转变传统的知识本位的教学模式，以学生的全面发展作为教学目标确立的依据。其次，对教学内容进行分析，从内容中寻找核心素养的切入点，力求目标表述更具体，操作性更强。

需要指出的是，强化核心素养的培养，并不等于弱化学科知识的传授，相反，学科知识的地位也不能动摇。因而，观念和思想的形成、素养的培养都必须以学科知识积淀为基础。作为物理学科的教师，必须注重课程结构的系统性和完整性，将素养的培养与影响教学的诸多要素结合起来，如课标、教材、学情、学生心理等，使其相互作用，协调发展。立足于学科特点，充分挖掘学科价值及其本质，以全新的教育理念指导教学的过程，丰富课堂教学内容与形式，如列举实例、课堂小游戏、课堂报告等，为学生素养的培养创设良好的教学情境，鼓励并引导学生积极参与课堂，使他们真正成为学习的主人。

（四）丰富评价标准，建立多样化人才观

任何教学活动都离不开评价，评价既是对教学活动的总结，也能够推进教学活动的改进。评价标准能够反映课程实施的情况，也是课程实施的目标。要在课程教学中有机地融入核心素养，以学生的全面发展为依据，实行多样化的综合评价模式。

第二节　物理教学设计的理论依据

一、物理教学设计的理论基础

教学设计是教学的前提和基础，它直接决定了教学的效果。因而教师要重视教学的设计工作。

（一）国外教学设计概念

在西方教育技术理论研究中，教学设计理论与方法是其研究的焦点。很多专家学者都致力于系统教学设计研究，例如，教学设计的"肯普模型"就具有鲜明的特点和可操作性。该模型将教学活动概括为"四个要素、三个问题、十个环节"。

"四个要素"是指教学目标、教学对象、教学资源及教学评价。教学设计需要围绕这四个要素来展开。肯普认为，这四个基本要素，是教学设计必不可少的，由它们可构成教学设计模型的总体框架。因此，教学设计要突出教学四要素。

"三个问题"分别是：①学生要学到什么？这也是对应着四个要素中的第一个要素——教学目标；②为完成教学任务和目标，如何组织教学？这是围绕教学目标而进行的教学过程的探讨，即组织何种教学资源、采取何种教学方法和策略等，这一过程离不开对教学对象的分析，尤其是分析学生的状况，所以这一过程涉及四个要素中的第二个要素——教学对象的特征，以及第三要素——教学资源；③检查和评定预期的教学效果，这一点与四个要素中的第四个要素——教学评价相对应。教学活动的过程，即是解决这三个问题的过程。

"十个环节"是肯普对教学过程的细分。教学的十个环节分别为：①确定学习需要和学习目的；②选择课题与任务；③分析学习者特征；④分析学科内容；⑤阐明教学目标；⑥实施教学活动；⑦利用教学资源；⑧提供辅助性服务；⑨进行教学评价；⑩预测学生的准备情况。教师要在教学设计中合理地安排各个环节。

（二）物理教师视野下的教学设计

基于教育技术的教学设计是在现代信息技术环境下，所进行的类似于计算机程序的、比较程式化的教学模式设计。现代教育技术改变了教学设计的理念和模式，使教学设计的内容和形式更加丰富和多样化，但基于物理科学的教学设计，使教学设计的概念上有着更广泛的内涵，涉及教学理念与目标、教学资源与手段、教学过程和评价等，尤其是融入了对教学媒体的设计，是对涉及教学活动的各方面所进行的全方位的整体设计。

现代物理教学的本质在于促进学生的发展，因而物理教学设计既要体现这一本质要求，也要体现对学生科学素质的培养。在设计实践中，物理教师要基于物理教学的实质，围绕学生的发展，并充分发挥自身的教学智慧，进行教学活动的开展。与此同时，还需要加强对各种教学资源的选择与合理配置，实现对资源的综合利用，促使教学资源功能达到最大化。

此外，教学设计还体现在教师对教材和教学内容的有效整合，促使教学内容与教材保持高度的统一，并尽可能最大化延伸，丰富学生知识，开阔其视野。通过对教学过程的整体把握，进行规划与设计，在教学中始终围绕学生，关注其知识的掌握情况，不断进行知识结构的完善，并注重片段式教学设计，以逐步实现设计的整体优化。在这一过程中，教师必须以现代教育理念为指导，结合学生的认知规律，有针对性地选择教材和媒体，通过灵活多样的形式，为学生创造生动而丰富的教学情境，让学生在轻松、愉悦的教学氛围中自由地组织学习或开展小组活动，实现自主学习能力的建构，达到主动获取知识、应用知识、解决问题的目的。

（三）物理教学设计的基本特点

设计是开展基础工作的前提。不同行业设计的目的和形式是各不相同的。以教学设计和工业设计为例，工业设计是为具体的操作提供蓝本，形式较为固定，简单复制即可。而由于教学活动所涉及的要素较为复杂，尤其是作为教育对象的人，主观性变化较大，而且在教学过程中，也难免出现许多突发状况。因此，教学设计较工业设计来说，其变化性较大，教学设计只能为教学活动提供参考，而不能复制。由此，可归纳出教学设计的一般性特征。

1. 超前性

由于教学设计产生在教学操作之前，是为教学活动所进行的准备工作，因而，超前性是教学设计的一大特点。它能够为教学活动提供蓝本，尽管往往课堂教学的实际过程与教学设计有所出入，但从总体上来看，课堂教学活动都是围绕教学设计而展开的，没有脱离教学设计的基本方向。

2. 预演性

一般来说，设计体现的都是未实现、未发生的事物或现象。教学设计也是如此，它是对教学活动的构思，是一种预期的设计理念，因而，教学设计具有预演性，是对未发生的教学工作的一种想象。物理教学设计，是物理教师教学智慧的展示，是教师通过思维活动的加工，在头脑中呈现将要进行的教学活动的一系列过程，如同文艺演出脚本，具有预演性。

3. 动态性

设计活动是在人的主观意识指导下的活动，而教学设计是以教育理念为指导，所进行的人的主观意识的活动。通常，课堂教学活动，存在的不确定性因素很多，这就造成教学实际与教学设计不一致的情况存在，教师在实施教学设计方案时，要根据变化的情况不断做出调整，使教学设计更加完善。因此，教学设计并不是固定不变的，而是动态生成的，因而具有动态性。

（四）传统的备课与教学设计的比较

备课与教学设计，虽然都是为将要进行的教学活动服务，但二者既有联系，也有区别。

1. 相同方面

备课与教学设计，都是为教学活动的开展所做的前期准备，无论是备课还是教学设计，都是在一定的教学理念的指导下进行的，围绕相应的教学目标组织教学程序。在结构上，二者都包括教学目标、教学任务、教学内容、教学过程及教学评价，都涉及学生、教学和教法三要素。

2. 不同方面

备课与教学设计是不同时期的产物，基于时代的不同，二者的区别具体表现如下。

第一，虽然都以一定的教学理念为指导，但二者所秉承的教育理念是不同的。传统的备课，以学科为本位，往往以教师为中心，为教学活动做准备。而现代教学设计，坚持以学生为本位的理念，围绕学生的发展进行教学活动的设计，教师是教学活动的组织者和指导者，教学设计的目的在于激发学生参与课堂的积极性。

第二，教学资源不同。传统备课，由于教学条件的限制，主要是对教材内容和实验器材的描述与利用。时代的发展与进步，为现代教学提供了更多的技术与条件。因而，现代教学设计可利用的资源更加丰富，除了传统的资源外，还增加了计算机多媒体课件、网络教学资源等，使教学设计更加灵活生动。

第三，不同之处还体现在教学的评价方面。传统备课所呈现的教学评价机制主要考查学生对知识的掌握情况，是一种机械式的评价模式；而建立在现代教育理念基础上的教学评价，主要围绕基于学生发展的三维目标，评价形式更加多样，评价内容更加全面，更有利于促进学生的全面发展。

二、物理教学设计的基本理念

设计是人的主观意识下的活动，因而设计活动离不开理念的指导，具体到教学设计，其设计活动也就离不开教学理念的指导。对于现代教学设计来说，物理教学设计需要秉承的教育理念可以从以下内容来分析。

一是确立学生为中心的教育思想，面向全体学生，促进学生学科素养的提升；二是注重学科文化的价值，关注物理学科的历史和文化积淀，让学科文化成为学生素质提升的推动力；三是注重方法的引导，在教学设计中强化物理体系发展过程中的科学方法；四是从联系发展的辩证唯物主义观点出发，注重学科间的联系与深化，而且注重对物理知识与生活实际的联系分析，挖掘物理学科的教育意义；五是注重对学生物理科学精神的培养，帮助其建立求实、创新的价值观；六是注重合作、探究精神的养成，为师生间创造交流互动的良好氛围；七是注重教学模式的创新，不断丰富与完善；八是构建科学的评价体系，激发学生物理学习的热情。

从这个意义上来说，物理教学设计应该是以物理学及其应用为载体，以物理知识及文化的构建与传承为基本形式，培养具有现代科学素养及运用能力的个体。对话与交流是现代学科教学的基本要求，是师生互动的有效形式，要做到这点，势必需要打破照本宣科的单向传输方式。教学设计要为师生间的双向互动交流创造条件，如讨论模式、探究模式、答辩模式，在自由平等的沟通与交流中，学生学习的动机被激发，自然主动地投入其中，获得自主学习的成效。

此外，还需要通过合理的教学评价来完善教学的过程，对于普通教育来说，教学评价的标准要切合实际，不能比肩或超越精英教育时期的标准。这就要求教学设计要立足于学生实际，关注和了解学生的能力水平及需求。

三、物理课教学设计的内容

教学设计是对涉及教学活动的诸要素进行统筹的过程。与教学活动相关的诸要素包括教学任务、教学目标、教学对象、教学内容、教学资源、教学媒体、教学过程与手段以及教学评价。其中，教学目标的确立，对教学对象的分析，教学资源利用，教学策略的选择，以及教学评价标准的制定，是教学设计的关键，是构成教学设计的最基本要素。它们之间互为联系，彼此制约，是构成教学设计不可或缺的部分。笔者就其中几点进行分析。

（一）教学任务分析

教学任务是教学活动所要完成的内容。教学任务分为单元任务和课时任务，其中，课时教学任务是对每节课所要学习的物理知识在整个物理知识体系中地位的分析，是对知识—方法—能力结构的分析。也就是说，对物理教学课时任务的分析，既要分析每课时所要学习的知识结构，在了解知识结构的基础上，分析理解并掌握这些知识内容所要遵循的认知过程和所运用的科学方法，以此确定发展学生的能力因素。还需要分析这些内容的学习对于学生能力的发展所能起到的积极作用，以及在促进学生的全面发展及素养提升方面，还需要学习哪些内容、技能和态度，这是基于学习范围和深度的分析。此外，教学目标是教学任务设计的依据，对教学任务的分析，还应该考虑教学目标的内容，立足于三维目标，为教学目标的达成而对教学任务进行深入分析，分析学生需要学习的知识和技能及达成的程度。

（二）教学目标设计

教学目标对教学活动的有序开展指明了方向，对教学活动顺利开展发挥着重要的指导意义。对教学目标的设计，必须以课程标准的三维目标为依据，同时需要结合课时、教学内容和学情的分析。在此基础上，对学生所要达到的学习效果进行科学的定位，并以具体、明确的物理专业术语表述出来。科学、完整、规范的教学目标应包含以下内容：一是明确的行为对象，教学设计中的行为对象一般为学习的主体，即学习者；二是规范的行为动词，教学目标设计中所使用的表达学习目标的行为动词要具体，尽可能做到具有操作性；三是行为条件，影响学习结果的特定限制和范围；四是行为程度，教学所要达到的最低标准和水平。

（三）教学对象分析

教学活动的有效性，取决于教学对象，即学生。现代教育强调学生的主体性，因而在教学设计中，对教学对象的分析是教学设计的基础。必须从学生的实际出发，充分认识和了解学生。对教学对象的分析，即分析学生的基本情况，了解学生原有知识结构的特点、能力水平，学习态度及学习心理。对教学对象的正确分析，有助于提高教学设计的针对性及有效性。

（四）教学策略设计

教学策略是教学活动有效开展的保证，是教学设计的有机组成部分，也是教学设计付诸实践的条件。教学策略设计是为完成一定的教学任务和目标而制订的教学程序计划和采取的相应措施。具体到物理教学，其教学策略设计是在物理教学目标确定之后，根据课时教学任务和学生的认知特征及情感需求，有针对性地选择物理教学资源、教学手段，科学合理地组织教学程序及教学时间安排，以保证物理教学的有效性所形成的教学方案。教学策略设计的意义在于构建基于教师"教"与学生"学"之间的有效桥梁，实现教与学的有序转化。

教学策略设计包括：其一，教学活动的安排要建立在以学生为中心的基础之上，活动的设计要能够具有开放性和新颖性；其二，教学方法的选择尽可能地做到因材施教，能够最大限度地调动学生参与的积极性；其三，教学组织形式的选择要丰富和多样化，尽可能地激发学生学习的自主性，为合作探究创造条件；其四，教学时间的安排要灵活、充裕，基于教学内容，做到张弛有度，突出重点。

基于以上内容，笔者提出了设计教学策略的方法。第一，教学环节的设计。需要对教学内容进行整体把握，按照知识、技能的相对完整性将其分为相应的教学环节。第二，认识活动的设计。教学环节的设计只是教学策略设计的第一步，它将知识、技能的学习任务按照不同的标准分解为若干部分，要实现这些任务应采取哪些认识活动还没有解决，教学过程中的认识活动应依据教学目标、学生原有认知结构以及认识材料的特点来设计。第三，教学组织形式的设计。一般来说，接受式的学习适合班级集体授课的形式，发现式学习适合小组与集体相结合的组织形式，技能型内容也可以采用实验教学的形式。

（五）教学媒体选择

计算机网络与信息技术的发展，为现代物理教学创造了条件，教学媒体在物理教学中发挥着重要的作用。通过教学媒体，能够将抽象的物理概念、定律等通过形象化、具体化的动画形式呈现出来，便于学生对抽象概念的理解。此外，物理中一些复杂的、相对危险的实验，无法在课堂上直观展示的实验，可以借助多媒体直观地在课堂上呈现，从而突破教学难点，降低学生对物理理论知识理解的难度。此外，利用多媒体音频、视频材料，进行物理教学的情境设计，丰富了教学内容，活跃了课堂氛围，不仅增添了物理学习的趣味性，还能够激发学生的好奇心，提高学生物理学习的积极性。

此外，多媒体在物理教学中的运用，还能够对教材内容进行延伸，通过呈现信息量较多的教学内容，达到知识的扩展，开阔学生的视野，提高教学的有效性。教学媒体的形式及种类是多样的，包括语言媒体、文字媒体、图标媒体、幻灯片媒体、影视媒体、计算机多媒体系统等，在进行教学设计时，要合理地选择与利用。需要注意的是，教学媒体的运用并不是越多越好，教学实践中，要根据教学需要，科学选择，做到适度。

（六）教学评价设计

评价是教学活动必不可少的环节，是教学设计的最后阶段，评价的作用在于对教学的总结与反馈，是衡量课堂教学效果的必要手段。通过评价，能够直观地反映出某一阶段教师的教与学生的学的基本情况。物理教学评价，建立在以学生为中心的基础上，依据一定的标准和指标体系，通过一定的方法和手段，对教学中的诸要素及师生的情况进行评判与总结，得出反馈信息，并将反馈信息用于指导教学活动的改进。评价的真实性和有效性，对于教师的教和学生的学有着最为直接的影响。

四、物理课教学设计的过程

教学设计是教学活动开展的关键，物理教学设计对于物理教学活动的有序开展，以及教学效果的提升都有着极大的影响。因而，对物理教学设计的研究极为必要。根据物理教学设计理念及物理学科的特点，物理教学设计可从以下三方面来把握。

（一）物理教学的思路设计

教学思路，简单来说即教学的构思与设想。具体来说，是在教育理念的引导下，遵循一定的教学目标，把教材呈现方式、教与学的活动方式、教学程序安排、教学传媒运用等进行综合考虑并做出总体策划的一个活动框架。物理教学思路设计是学科教师基于一定的课程理念及教学规律，在明确教学目标后，所进行的教学程序的安排。比如，在物理教学中，对某一物理规律的教学设计。首先要明确该课时教学的目标，即培养学生的交流与合作能力。教学的思路为：以小组合作学习为主线，创设教学情境→提出问题→猜测、假设尝试→设计实验、验证设想→分析与论证→评估→合作与交流。教学思路的设计是教学设计的初步构思，是教学方案的纲要设计，需要在教学活动设计中不断充实和完善，并在实践中不断进行调整。

（二）物理教学的活动设计

物理教学的活动设计，是教学过程的具体化，一般来说，是围绕教学目标展开的具体实践，具体来说，是对教学过程中师生双方活动的系统筹划。活动设计需要考虑的内容包括：其一，通过对学生及学情的分析，立足于师生需求，确定教学目标；其二，基于教材及课程的分析与把握，提高活动设计的针对性与科学性；其三，围绕教学目标，分析影响教学目标达成的诸要素及其内容；其四，合理安排教学内容、教学策略与方法的选择，教学媒体的运用与课时分配；其五，基于目标完成情况的评价设计。

以上设计活动，都是以一定的教学目标为基础，如何将这些程序有效组织起来，形成一种总体的构想，是教学活动设计在操作上须解决的问题，是对教学思路设计的具体化，保证了教学设计的方向。物理教学活动的设计，其形式是灵活多样的，并不拘泥于一种。因而，在物理教学实践中，教师可根据教学习惯及学生情况采取不同的设计策略。

物理教学活动设计是教学设计的关键，科学高效的教学活动设计，对教师的能力及素质都提出了更高的要求。在进行教学活动设计时，物理教师必须对物理知识体系有一个整体的认知，与此同时，教学思路要清晰，在设计教学活动时，需要充分发挥教学智慧，赋予教学活动新颖性，做到最大限度地吸引学生学习的积极性。

（三）物理教学的心理模拟

物理教学的心理模拟阶段是对前两个阶段的设计所进行的可行性验证的过程，是教师本人对方案可行性的反思和自证。该阶段主要以教师的心理活动为主，以想象的学生为对象，以内部语言和表象为主要活动形式，用逻辑推理的方法对物理教学活动进行模拟预演。通过心理预演和推敲，对设计方案进行不断的修改和完善，以便在课堂教学中做到有条不紊。

第三节 核心素养导向的物理教学设计的
主要特征

随着核心素养的提出，以及新的课程标准的推进，我国基础教育改革得到了进一步的深化。基于物理学科的核心素养，是学生在物理教学过程中所形成的适应社会发展所必需的品质和能力。核心素养已成为现代教育培养的方向。基于物理学科的核心素养的培养，已成为当前物理教育领域关注的焦点。而对于核心素养融入物理教学的实施，最为关键的在于教学设计。通过科学合理的教学设计，能够为基于核心素养的物理教学创造良好的系统化的教学系统。因此，研究基于核心素养的物理教学设计显得尤为必要。

一、物理教学过程对学生核心素养形成的影响

物理核心素养是在物理学习过程中形成的必备品质与能力。物理学习过程，包括学习目标与任务，师生关系、教法与学法以及环境等因素，其中学习目标与任务相对较为稳定，而教法与学法，以及教学环境等可变性较大，是不稳定因素。这些因素影响着学生物理核心素养的形成。

（一）教师教学方式

教师的教与学生的学，是物理教学过程中的双向互动过程。教学活动是师生共同参与的过程。在传统教学中，教师是知识的传授者，被赋予了较高的地位，因而在教学中处于绝对的主导地位，决定着教学目标的制定、教学内容及资源的选择，乃至教学活动的组织形式等。这与现代教育理念所强调的学生主体地位相冲突。现代教育理念注重师生地位的平等，主张教学过程中的师生对话。因此，教师的教学理念及教学方式对于核心素养的培养至关重要。要实现

基于核心素养的物理教学，就需要对教师的教学方式进行适当的调整。

1. 重过程轻结果的教学方式

传统的知识本位的教学模式，注重知识的传授及掌握的数量。这种只重结果而忽视学生学习过程的教学方式，不利于学生能力的提升。"授人以鱼，不如授人以渔"，运用到教学中，体现了学习方法的重要性。教师教学的目的，不应该只是知识的单纯传授，或是应付考试，获得高分，而应该教会学生体验获得知识的过程，掌握获得知识的方法。这种获得知识的方法与能力，应该体现在教学过程中。

在我国教育发展过程中，主要形成了两种教学方式，即知识传授式教学和探究式教学。而其他形式的教学方式，都是基于这两种方式的补充和延伸。知识传授式强调的是知识本位，这一教学方式与现代教育理念所强调的学生本位相冲突，其弊端也在教学发展中逐渐显露。探究式教学，突出了学生在教学中的主体地位，该教学方式是以问题的解决为目标，学生在教师的启发与引导下，自觉主动地完成发现问题、分析问题、解决问题、总结归纳的过程。在这一过程中，学生既体验到学习知识的成就感，又获得了解决问题的方法。不仅如此，学生在探究过程中，思维能力、合作精神、沟通交流能力、收集信息的能力等都得到了锻炼与提升。探究式教学注重学生自主学习习惯的养成，同时还关注学习过程中方法的掌握、能力的提升，以及科学精神与品质的培养。这些都是隐性素养，而传统的教学方式，之所以重结果，是因为结果是直观的、显性的，这也反映了人的认识上的欠缺。殊不知，当学生具备一定的隐性素养之后，结果的获得便是指日可待。

2. 重理念促发展的教学方式

意识对人的行为能产生一定的影响，因而，在教学过程中，科学的理念与方法，对于学生的学习能够产生积极的促进作用，具体体现在良好习惯的养成及科学思维的发展上。学生的层次取决于教师的眼界和思想高度。在教学过程中，教学内容及方式的选择，都来自教师的决策，取决于教师的教学理念。教师对学生人文知识的渗透、社会信息的吸纳能培养学生的人文底蕴、国际视野。如将物理学史融于物理教学，有助于培养学生的人文情怀，帮助学生领悟科学的真谛，更加深刻地理解物理学科的价值，增强学生对社会责任意识的认同感。基于以上认识，在物理教学过程中，可通过以下方式实现教学方式的改进。

首先，融入物理学史的教育，补充物理学背景，帮助学生更好地理解科学发展历程，形成对物理学的准确认知；其次，强化理论知识与生活的联系，补充科学技术在生活中应用的知识，深化学生对物理学科学性与实用性统一的认识，帮助学生形成学以致用的观念。

（二）学生学习方式

学习方法的掌握，是学生知识的获得与能力提升的关键。伴随现代教育的发展，形式多样的学习方式层出不穷，如自主、合作、研究及创新学习等。随着教育改革的持续推进，学习方式的改进，已成为教育界普遍关注的话题。

1. 变被动为主动的学习方式

学生是教学活动的主体，学生的学习能力直接决定了学习的效果。一般将学习分为认知性学习与非认知性学习两种。非认知性学习是学习方法、态度及情感的总和。现代教育所要培养的是全面发展与终身发展的人才，要培养学生成为自主学习的主体，这就需要培养学生养成热爱学习、独立思考的习惯，与此同时，全面发展的人才也需要具备合作、探究的精神，离不开与人合作的意识。变被动为主动的学习方式的转变，需要在探究式教学方式的引导下，采取小组合作探究的学习方式，在生生间的交流互动过程中，培养学生的合作意识。鼓励学生在平时的学习或生活中，多与他人沟通，在与他人的互帮互助中获得知识，这是学习过程中不可或缺的品质。

2. 改传承求创新的学习方式

根据现代社会对人才的要求，学会学习、思维灵活、富有创新性是适应社会发展所必备的技能。这种能力的培养，依赖于探究性教学方式的配合，引导学生进行探究性学习。教师应为学生的探究性学习创造更多的机会，通过开发形式多样的探究性学习，如变废为宝的小制作，改进物理实验等，以增强学习的主动性，打破僵化的思维模式，促进思维的开阔性，调动学生学习的热情。

（三）教学环境的影响

家庭、学校、社会是影响学生学习的三大主要因素。其中学校环境的影响是巨大的，学校环境主要体现在教学之中，即教学环境，主要包括教学工具的使用，教学管理理念和氛围。在物理教学中，通过对教学环境的改善，引入现代教育技术辅助教学，不仅能够让学生接触先进仪器和教学技术带给教学的改变，有助于丰富学生对物理学的认知，提高物理操作能力，还能够激发学生课堂学习的积极性，促进教学效果的提升。

总而言之，教法、学法以及教学环境，对于核心素养的形成影响重大，是核心素养形成的重要支持。

二、基于核心素养的物理教学设计

（一）教学内容分析

1. 物理概念与规律教学内容分析

物理概念和规律，是初中物理的基础内容，也是物理学习的核心部分，打好概念和规律的基础，有助于物理学习的进一步深化。在过去传统的物理教学中，教师普遍性地将物理概念和规律割裂开来，没有形成统一的认知，也没有对其进行内容上的有效整合，导致学生对知识的学习存在严重的碎片化。解决这一问题的关键在于物理教师对知识的整体把握，在此基础上，注重教学任务的分类和重构。在具体的教学设计中，需要立足于概念与规律的特点，有针对性地进行教学方法的选择。

首先，以章节内容为基础。进行教材和内容的设计时，需要针对本章节的核心概念进行分析，得出相对完整的概念体系。通过这种方式的设计，有利于学生矢量和标量的物理概念的形成。其次，跨章节的教学内容设计。可以在不同时间跨度上分析概念，学习进阶，有利于学生物理知识体系的形成，也有利于学生物理概念的形成。最后，针对某些具有代表性的物理概念或规律，设计教学内容时，可以分析具体物理概念的素养发展价值，这样有利于培养学生模型建构的能力。如针对物理学史上关于重物与轻物，哪方下落快的讨论，有利于培养学生质疑、推理的能力；自制反应尺，有利于创新能力的培养。

2. 物理实验教学内容分析

物理实验是物理教学活动的重要组成部分，对于学生科学精神的培养及实验操作能力的提升意义重大。因而，物理实验教学设计应引起教师的重视。对物理实验教学内容的设计，可从以下几个方面进行。

首先，需要明确实验目的。实验教学内容的设计要突出实验目标，使学生认识到实验目的对知识学习的意义。例如，打点计时器的实验设计，其目的应是训练学生对速度、加速度测量和顺势速度的概念。在实验目标明确的前提下进行实验操作，更有助于学生科学探究能力的培养。

其次，围绕实验目的进行具体的实验探究内容设计，引导学生分析实验具体探究内容对发展学生思维的价值。表3-1列举了一部分实验具体探究内容对学生科学思维的价值。如在进行实验误差分析的设计时，让学生在实验操作中，结合图表和数据，利用图像法和等效替代的思想，分析实验数据与标准数据存在差异的原因，有助于学生形成科学探究和科学推理、论证的能力。

表3-1　实验具体探究内容对发展学生思维的价值

探究内容	对思维的价值
猜想与假设	推理
设计实验方案	建模、质疑创新、推理
处理实验数据并得出结论	论证
实验误差分析	推理

最后，分析实验的主要内容、实验原理，在此基础上，进行实验过程及步骤的有效性设计，明确基本的实验操作程序及操作规范、科学准确地收集并记录实验现象与数据，对所得数据进行整理，分析得出结论，分析误差形成的原因，用于指导实验的改进。实验教学设计的目的在于让学生熟练掌握实验操作的基本流程，培养学生严谨、求实的科学探究素养。

（二）教学对象分析

任何学科的教学都是师生双方共同参与的过程，因而，对教学的设计，离不开对作为教学对象的学生的分析，学生是教学设计中的核心。在进行教学设计时，要立足于学生群体，关注学生生理和心理的变化，全面了解学生的认知结构特点及知识储备情况，掌握学生的学习状态。对教学对象的分析，具体内容如下。

首先是对学习新知识时学生基本状态的分析，包括前认知水平、知识结构、技能基础及能力等方面。其次是对所学知识的认知情况的分析，如生活环境、生活经验及前概念等。最后是对学生存在问题的分析，如具体知识点或者某一概念或技能等。对教学对象全面而准确的分析，有助于教师根据所掌握的学生的实际情况，开展有针对性的教学活动。这样即使出现突发状况，也能够及时有效地处理，并通过适时的调整，完善教学，有助于保证教学活动的顺利开展，促进教学效果的提升。基于核心素养的物理教学，要实现基于素养培养的课程目标，不仅需要重视本学科知识的学习，还要延伸至其他科学，其他相关知识的学习，以丰富学生的知识储备，开阔学生视野。

核心素养导向下的物理教学设计，要求分析教学对象时，能够做到设身处地站在学生的角度考虑问题，以学生的视角分析他们的优势与不足，尤其是所欠缺的思维和能力，进而采取因材施教的教学策略培养和升华其核心素养。

（三）教学目标设计

目标是行动的指向灯，明确的教学目标能够确保教学活动沿着既定的方向有序进行，并对学生的学习方向进行有效的指导。可以说，目标既是教学的出发点，也是教学的归宿。教学目标的设计必须明确和有效。

1. 教学目标的确定原则

教学目标的科学性和有效性，对于教学活动的开展有着重要的指导意义。因而，对于教学目标的确立需要慎重，在操作中需要遵循以下原则。

（1）以学生为中心

学生是教学活动的主要参与者，因此，任何教学活动都要以学生为中心，围绕学生展开。教师要全面了解学生的特点、兴趣爱好等，这样才能做到教学的有的放矢，提高教学的效果。教学目标是教学的前提，只有设立明确的目标，才能使教学活动科学而有意义。

课堂教学目标要适应学生的年龄、个性、真实兴趣、认知规律等心理因素，要基于学生目前的经验、知识和能力水平与发展方向、教学环境条件等教育因素。这就是说，合理目标原则必须与以学生为中心原则相结合。

（2）可评价原则

教学目标的主要作用便是直接指导教学活动，使教学活动有章可循，不论是教师的教还是学生的学，都能找到方向。教学目标的陈述应力求明确、具体，可以被观察和测量，避免用含糊和不切实际的语言。教师需要学习有关目标陈述的相关理论和技术，使教学目标具体化。2003年实验版课程标准确立了三维目标，即知识与技能、过程与方法、情感态度与价值观。2017年版的课程标准明确了立足于物理核心素养的教学目标。核心素养教育理念的融入，使得物理教学的目标更加具体化，便于随时对教学目标的落实情况进行评价。

在可评价原则的指导下，基于核心素养的物理教学目标将会发生相应的变化，尤其体现在技能和知识、过程和方法这两方面。这种变化主要体现在新课标对课程标准的行为动词进行了修正。如实验版课程标准将学生知识的掌握分为两个不同的标准：I级，基于认知层次方面，是对一般知识的认识和了解；II级，基于能力层次方面，是对知识的理解和应用。

在每节课进行教学目标的制定时，与之对应的行为动词分别为：列举、知道、描述、说出、了解、说明、表达、识别、对比以及简述等；阐述、解释、评估、核算、评断、分析及区分等；应用方面包括评价、利用、验证、运用、掌握等。其中很多是无法评估的，如学习变阻器的内容时，以人教版的课程标准为主，可将教学目标设置为深入理解变阻器的构造、电路中的符号，理解变阻器的工作原理，知道正确使用变阻器的方法。在教学活动结束之后，要想对学生的学习效果进行评价，了解学生对知识的掌握情况，就需要围绕教学目标来考查学生能否在实践中充分运用这类理论。如果学生无法进行自我评价，教师就很难对教学目标达到的程度进行评估。

但如果运用可评价原则来指导教学目标的设置，即"定义加速度时，使用比值定义法，并了解公式及每个物理量的单位、名称以及对应的符号等，同时在进行计算时，可充分利用这些公式"，由此教学目标更具体、可操作性更强，教学结束后，学生便可度量出自身完成的程度，从而有针对性地进行查漏补缺，完善知识结构。

（3）分层原则

教学要以学生为中心，由于学生个体差异性的存在，这就要求进行教学目标的设计时遵循分层原则。以班级为单位，不同的成长环境和经历，造就了学生们不同的性格、思维，尤其是在知识储备，以及对知识的理解与接受等方面的能力水平，也都因人而异。这就需要在制定教学目标的过程中，依据学生的实际进行科学合理的层次划分。

基于核心素养导向下的物理教学目标的设置，要做到具体明确，针对性较强，便于因材施教的开展。与此同时，还应该具备较强的可操作性，能够及时对学生的学习情况进行有效反馈。

（4）符合课程标准

课程标准是为教学需要达到的总的目标而设计的教学通用标准。课堂教学目标的设置要在课程标准的范围内，依据课程标准、教材而定，目标的设定不能太高，也不能太低，要切合实际，还要依据符合课程标准的评价标准。在我国，通常以考试成绩作为教学评价指标，因此，课程目标的设计也要注意评价目标是否符合课程标准的理念和要求。

（5）具有全面性

目标的设定要全面，要以提高学生的综合素质与能力为目的，并在综合考虑各项要素的基础上制定。课堂教学目标要包括不同学习领域全面发展的目标，如认知、情感、能力等领域的目标，要符合语言素质与综合素质共同发展的要求。

（6）具有阶段性

教学任务的完成不是一蹴而就的，需要分阶段、分步骤一步步达成。因而，教学目标的制定要符合阶段性特征。在具体的设计中，要根据教学内容，将目标分为课时目标、单元目标、学期目标等，在完成细化目标的基础上，实现整体目标。总而言之，一个课时的课堂教学只需要完成一个课时的教学目标。

2. 教学目标的实现

教学目标的确定是基础，而目标的落实是关键。为确保教学目标落实的有效性，可围绕以下几方面内容展开。

（1）构建和谐的教学环境

首先，教学角色的准确定位。教师要树立学生的主体地位，而使自己成为学生学习的合作者与引导者，与学生形成亦师亦友的和谐师生关系。传统教学方式之所以存在弊端，就在于教师角色的错位，形成了一种自上而下的师生关系，教师在教学中处于绝对的统治地位，直接拉大了师生间的距离，使其产生隔阂，也就无法做到"亲其师，信其道"。良好的教学环境应该体现在师生和谐平等的关系中，教师尊重学生人格，给予学生关怀。这样的教学环境，有助于激发学生物理学习的热情，树立学好物理的自信心。

其次，和谐教学环境的形成，还需要师生共同发挥作用。以核心素养为导向的物理教学，需要在以学生为基础的前提下，发挥教师的创造性及引导作用。在学生遇到问题时，及时地给予帮助和指导，通过科学的方法融入学生对问题的探究，共同致力于问题的分析与解决，应该避免对学生的过于放任。教师适时的帮助和指导，可以缓解学生在学习中的无助心理，更有助于学生探究能力的发挥。

（2）精心设计教学环节

首先，对教学的过程进行整体上的把握，对构成教学活动的相关环节进行科学、合理的设计，尤其应凸显细节，确保教学环节具体可行。根据课程内容和教学需要，可设置3~4个环节。主要引起注意的是，各环节要联系紧密，不能割裂开来。

其次，立足于物理知识同生活实际的联系，进而落实物理教学目标。将物理知识用于解决生活中的现象或问题，有助于推动物理教学的开展。从生活中的物理现象出发，获得对物理知识的感知与升华，进而将知识延伸至其他领域，构架生活化的教学场景，更有助于学生学习动机的激发。在教学结束之后，需要检验他们对知识的掌握程度，能否达到知识与运用的灵活切换。此外，在教学环节的设计中，还可以融入一些必备的教学辅助手段或工具。例如，进行摩擦力的教学设计时，可以借助课桌椅，作为教学的辅助工具。先让一个学生坐在椅子上，另一个学生去推，观察结果；然后，让同一个学生去推空的椅子，再观察结果。最后通过两次对力的感受的比较，得出结论。通过学生身边的小实验，不仅能够激发学生的思考，进而加深学生对知识的理解，还能够引起学生的兴趣，让学生在轻松愉快的实践中，掌握摩擦力的相关知识。

再次，充分发挥实验的作用。物理是一门科学性较强的学科，而检验科学性最有效的方法便是进行实验。实验能够加深学生对知识形成过程的理解，因而，有助于知识的理解和掌握。因此，在进行教学设计时，要重视实验的地位和作用，合理地融入实验环节。通过实验，达到锻炼学生实验操作及思维能力的目的，培养科学、严谨的实验精神，进而促进自主学习的积极性。

然后，明确教学中学生的主体地位，教学活动的设计始终围绕学生展开。必要时可进行角色的互换，以更好地从学生的视角出发，有针对性地采取相关措施，引导学生融入教学，并自觉主动地就某一问题展开探究性讨论，最后得出结论。

最后，注重思维能力的培养。物理学科对思维能力要求极高，基于核心素养的物理学科教学设计，更应该体现思维创新的要求，促进学生思维的扩展。在知识的传授中，要善于启发学生思考，并引入生活化的教学情境，让学生在知识与学科前沿的成果用于生活的事件之间建立联系，从而加深对学科知识的认识。

（3）采取分层教学策略

分层教学符合人在发展过程中存在的个别差异。教育心理学认为，在人的发展过程中，由于受到遗传因素、家庭因素及社会环境的影响不同，个人的发展存在着不同的差异，心理学称之为"个别差异"。分层教学就是针对学生在智力和非智力因素发展中的个别差异，有的放矢，区别对待，从不同的学生的差异中寻求教学的最佳结合点，使全体学生都能得到主动、和谐的发展。

孔子提出的因材施教就是在共同的教育目标下，根据学生的个别差异特点，有的放矢，因势利导地采取不同的教育措施。分层教学就是依据这一原则，要求教师从不同层次学生的实际出发，在处理好集体教学与个别教学、在面向多数前提下照顾少数，对学生的差异赋予不同的要求，使所有学生都能在原有的基础上得到发展与提高。这正是分层教学的目的所在。分层教学符合目标教学理论。在物理学科中，分层教学与辅导的实施过程如下。

① 分层教学

第一，课前预习的分层。即对不同层次的学生提出不同的预习要求。在让学生预习时，可要求A层学生主动复习旧知识，并预习新课内容；B层学生初步理解和掌握预习内容，试着完成相应的练习题，遇阻时，能自觉复习旧知识，带着疑问听课，能主动求教或帮助别组不懂的学习伙伴；C层学生深刻理解和掌握预习内容，例题要先行解答，能独立完成相应的习题，力求从理论和方法上消化预习内容，并能自觉帮助别组同学。

第二，课堂教学的分层。课堂教学的分层是分层教学中最为重要的一个环节。在安排教学进程时，必须以B层学生为基准，同时兼顾A、C两层。一些深而难的问题，课堂上可以不讲，课后再给C层学生讲。课堂教学要始终遵循循序渐进、由易到难、由简到繁、逐步上升的规律，从旧知识到新知识的过渡尽量做到衔接自然，层次分明。

第三，课堂练习的分层。课堂练习遵循由浅到深、由简到繁螺旋式的教学规律，应以基本题为主，以B层学生为主线，然后层层推进教学。课堂练习一般分为三个层次：A层是基础性练习；B层以基础性练习为主，同时配有少量提高的题目；C层是基础性练习和有一定难度的综合题目，并适当增加一些开放性的训练题目。学生做题时，教师巡视并分层做好指导。

第四，作业的分层。课后布置多层次习题也是分层次教学不可缺少的环节。课后作业一刀切，往往使A组学生吃不消，C组学生吃不饱。为此，根据不同层次学生的学习能力，布置不同的课后作业，一般可分为三个层次：A层是基础性作业（课后练习）；B层以基础性为主，同时配有少量略有提高的题目（课后习题）；C层是基础性作业和有一定灵活、综合性的题目（课后复习题）各半。作业的分层，一方面可以提高学习有困难学生完成作业的积极性。允许在学习上有困难的学生，根据他们自己的学习情况"自主"地选择适合自己的作业，也可以减少或避免学生抄袭其他同学家庭作业的现象，学生能做多少就布置多少。另一方面，作业的分层还可以提高学习比较轻松学生完成作业的创新性，可以对学习比较轻松的学生设置一些具有开放性和创新性的作业。

　　② 分层辅导

　　教师的时间和精力毕竟是有限的，所以，课外分层辅导可以是老师亲自来辅导学生，也可以分好层后，采取"手拉手"或"结对帮扶"等形式，让学生辅导学生，"一对一"或"一对多"地共同提高，共同进步，这样可以在学生之间产生互动，形成良好的相互帮助、相互促进的学习氛围。在分层辅导中，"后进生的转化"是实施分层辅导的最关键一环。后进生的转化思路可以从以下几个方面着手：

　　第一，倾注情感。"亲其师，信其道"，后进生的一个普遍现象是在情感上得到的爱和温暖太少，而得到的嫌弃却很多——这其中主要是来自学校的，也有来自社会和家庭的。所以，作为老师，我们不仅不要嫌弃后进生，还要对他们有所偏爱，加深与他们的沟通，加大对他们的感情投入，多给他们期望和信心，使他们也学有所获，学有所长。

　　第二，组织教育合力。要组织一切可以发动的力量：学校、家庭、班级、同学，甚至街道，形成一定的教育合力。特别是要充分发挥班集体和合作小组的力量，让他们的思想和能力在学习进程和集体活动中得到同化、熏陶、提高。

　　第三，充分利用闪光点。一是要细心捕捉后进生身上的闪光之处并及时予以表扬；二是多让后进生在学习进程中扮演一些成功者的角色，让他们也品尝到成功的喜悦，并从这种喜悦中获取信心，看到希望。因为后进生的个性特征不同，闪光点的呈现形式亦有不同，老师利用闪光点调动后进生的方法和策略也应有所不同。"充分利用闪光点"还可以体现在对学生的"分层评价"上，即对后进生的评价采取横向迁移的目光，看重或肯定学生在学习过程中的努力程度以及是否在原有的基础上有所提高或进步，然后给予激励和表扬。

三、初中物理学科核心素养导向习题课的设计原则

习题的设置，是对教学的巩固，其作用在于加深学生对知识的记忆，让学生在练习中巩固所学。习题课的实施，涉及诸多方面，如习题案的设计、批改与分析，课堂设计、课后小结等。基于核心素养导向的习题课的设计，应遵循以下原则。

（一）适度原则

练习不仅能够巩固知识，还能够起到检验知识掌握情况的作用。因此练习在教学中是必不可少的。对于初中物理来说，抽象的概念和枯燥的定律，通过课时的教学，一般能够在学生头脑中形成潜在的意识，这个时候，适当的练习，有助于概念和定律的复习与巩固，使其在运用中由抽象转化为具体，便于学生的理解和掌握。与此同时，练习也能够锻炼学生对问题的思考和分析能力，也在潜移默化中促进学科核心素养的形成。例如，相似概念间的辨析、理想模型的迁移、多过程推理的能力、创新性实验的意识、严谨求实的科学态度等。

从教学策略上来看，"题海战术"旨在通过大量的习题练习，以尽可能地达到对各类型题目的熟悉，从而降低应考时的陌生感，减轻考试时的压力。从教学方法上来看，"题海战术"的做法，在于通过大量的练习，来培养学生的"考感"，以便应对考试时能够做到从容自若。这种旨在提高学生做题熟练度的思想，本无可厚非，但过多依赖于题海是不可取的。这不仅是因为高考题型变幻莫测，很难通过"猜题""押题"获取通向成功的捷径，还因为一味地练习，忽视了基础知识的积累与巩固，进而造成考试失利。

由此，即便是练习，也应该保证正常练习，坚持适度的原则，除此之外，更重要的在于学习方法的掌握，打牢基础知识，任何题型，都离不开"万变不离其宗"的原则，掌握解题方法和技巧才是关键。

（二）因材施教的原则

无论是科学内容的练习还是习题课的教学，都应该以学生为中心，围绕学生展开。不同年级学生的情况各不相同，即使是同一年级或班级中，学生情况也存在差异性，这就需要在制定教学目标时，考虑到学生个体差异性的存在，

遵循层次性原则，对习题的设计与编排要有明确的侧重，体现因材施教的原则。因材施教不是指总体上的分层教学，而是以班级为单位，针对班级内每个学生的差异，实行有针对性的教学，以促进所有学生在原有层次上的提升。

对于一个班级来说，每个人的学习能力、知识储备、学习习惯及态度等都各不相同，在进行习题练习时，如果没有考虑到学生的层次，每道题都强调综合运用，那么，能力稍差的学生便会很吃力，物理学习的信心受挫，就会造成物理学习兴趣的消退，甚至对物理学习产生抵触，不利于物理教学效果的保证。而如果只涉及基本的应用分析，能力较强的学生便会觉得缺乏挑战性，不利于激发更大物理学习的动机。

虽然学生的情况复杂多变，习题案的编制无法照顾到每个人，但要在整体把握的基础上，在分层教学的前提下进一步细化，尽可能做到因材施教，照顾到层次上的差异。如"弹性作业"的提出，便是基于层次差异的原则。它是充分考虑到学生的差异性之后所编制出的习题案，其最大的特色在于存在难易度的跨度，而且是多类题型的组合。其优势就在于，学生能够根据自身的实际，自主搭配，弹性地完成练习。

这一创新，在过去是很难实现的，这是由于条件的限制，教师只能凭借经验对学生的情况进行基本的了解，这种了解并不全面，也不一定准确，基于这一现实，所设计的习题案针对性不强，效果不明显。而现代教育技术的发展，尤其是大数据分析系统在教学中的运用，能够全面而准确地掌握每一个学生的成长风格、学习偏好等个性化指标，这种信息化的集合，为教师的因材施教进行习题案的编制提供了便利。

（三）循序渐进的原则

教育是长期的过程，一蹴而就的教育是不存在的，物理学习更是如此。学习没有捷径，唯有持之以恒，循序渐进，学习，是在"反复强化"中不断积累的过程。任何对学习捷径抱有幻想，追求"一次到位"的做法，都是不可取的。对于习题课的设计，也应该在习题案的设计中遵循循序渐进的原则，切不可将习题"试题化"。要在点滴积累的过程中，逐步强化练习。强化的程度不可过大，如在基础阶段的习题案的设计中，过多地融入高年级阶段的习题，甚至有的将高考要求当作平时练习的要求，这也是不可取的，违背了学生的认知发展规律。因此，教师要立足于学生的实际，在对教学内容深度分析的基础上，科学合理地控制难易度。

（四）优化精选的原则

在高考压力的影响下，学生的学习普遍较为紧张，加之物理学习的时间有限，因此，在习题案的选择设计上，教师必须做到精挑细选。既要结合学生的实际情况，考虑到能够兼顾不同能力层次水平的、具有代表性的经典习题；也要结合教学实际，做到重点突出，一定程度上有助于对学生能力的培养以及教学目标的实现。

第四章

基于核心素养培养的初中物理
实验教学

第一节 初中物理实验概况

一、物理实验

物理学建立在一定的观察与实验的基础之上，实验是该学科的重要组成部分。物理实验是人们依据一定的实现目的，在相应的实验原理的指导下，借助于仪器设备，通过科学实验程序和方法，在人为地对环境及条件进行控制的基础上，所进行的创造或纯化某种自然的物理过程；是在尽量不干扰物体客观状态的前提下，对客观物体的运动形式、相互作用、转化规律以及物质结构分析所进行的观测活动。

二、物理实验教学

物理实验教学，是贯穿于物理教学过程的一系列实验，通过教师展示或学生动手操作的教学活动。存在于中学物理阶段的实验有：电学实验、力学实验、热学实验、光学实验等。对于实验类型的划分，一般将实验分为课堂演示实验、分组实验、课外实验等。其中，根据教学目标的不同，还可以细分为验证性实验、探究性实验、技能训练型小实验等。验证性实验主要用于验证物理学中的定理定律，探究实验是为培养学生的探究能力及思维能力而设置的一类实验。实验是物理教学的重要组成部分，是物理学科的基础，更是物理学习的事实依据。

三、初中物理实验的地位和作用

物理学是研究自然现象、研究科学规律的学科，物理学的发展离不开科学实验的支撑。实验也是物理探究性教学开展的有效形式。对于物理教学来说，实验既是物理教学的手段，也是物理教学内容的重要组成部分。基于物理实验的操作能力、观察能力、思维能力、分析归纳能力，以及解决问题的能力等，都是现代物理教学所要发展的学生的基本能力。

物理实验过程，包括对实验现象的观察、对实验程序的执行与操作，以及对实验结果的分析三方面的内容，这三个方面分别对应着观察、操作与思维三种能力，它们之间相互联系、彼此影响。观察体现在实验操作的过程中，而操作主要体现在完成和实践实验设计的过程中；思维体现在设计、观察与分析实验现象与结果之中。由此，可归纳出物理实验能力涉及观察能力、操作能力及思维能力，是三种能力的综合。

而在这三种能力之中，操作能力是关键，处于核心地位。没有规范准确的实验操作，实验现象便无法观察，更无法体现出思维的过程。初中物理教学是学生接触物理的开始，也是物理学科体系中最基本的部分，在这一阶段，培养学生树立科学的实验态度、掌握正确的实验方法是教师的职责所在。而当前的物理教学，存在部分教师重理论轻实验的现象，对于实验教学不够重视，由此造成实验教学成为物理教学中的薄弱环节。还有一些地方的教师在对待实验教学的态度上，采取以讲代做的方式。这严重违背了实验的操作性原则，造成与实验教学的要求严重不符。要改变这种现状，使教学大纲上所规定的演示实验和学生分组实验得以真正落实，就必须强化对实验教学价值的认知，从观念上做出转变，促使实验教学得以重视。

（一）强化实验教学，是优化教学效果、实现素质教育和教学模式转变的基本手段

基于初中学生的特点，他们已具备从形象思维转向抽象思维的能力。虽然这一阶段，抽象逻辑思维得到了较为快速的发展，但形象思维仍然起着支持作用；与此同时，初中生思维发展的特点表现在思维的独立性和批判性上，虽然有一定程度的发展，但在认识能力上还有待提升，表现在认识的主观性和片面性方面，尤其以表现性的认识为主。初中生的思维尚处于过渡发展的阶段，其思维能力有一定的提升空间。就这需要在学习中辅以一定的形象思维，以帮助其思维模式的成功转型，顺利过渡到完全成熟的抽象思维。

从学生的成长环境来看，他们无不被家长们视为掌上明珠，衣食住行等很多事情都被父母包办，这种出于爱护心理的过度溺爱，使孩子们失去了从生活、社会实践中获取感性思维的机会，而只能通过学校的学习活动来获得主体

参与的体验机会。这就需要教师更好地帮助学生把握这一机会。在课堂教学中，精心设计实验环节，充分发挥物理实验对眼、耳、口、手、脑综合锻炼的作用，鼓励学生积极参与，在实验观察与体验中，了解物理知识形成的过程，深化对物理知识的理解与运用。与此同时，通过实验操作，开阔学生的视野，增强创新意识。

参与实验的体验过程，还有助于加深对知识的记忆。从人的记忆规律来看，记忆是获得知识的基础，而记忆的获得与材料紧密相关，研究表明：仅仅依靠听，获得的记忆为15%；而在听的基础上，辅之以看，记忆内容可提升至25%；而如果听、看、做的行为同时进行的话，记忆内容可达65%。由此，足以证明体验的重要性。而实验就是最主要的体验形式。所以，在教学中加强实验内容尤为必要。

此外，处于中学阶段的学生，充满着强烈的好奇心与求知欲，实验操作能够很好地满足他们的需要，尊重他们的主体地位。从这一点出发，在进行教学设计时，就要求教师立足于学生的特点与需求，在物理教学中融入生动有趣的物理实验，将枯燥的物理概念与理论的知识，与学生感兴趣的实验形式结合起来，以调动学生学习的动机，实现由"要我学"转向"我要学"，进而提高物理教学效率。

（二）强化实验教学，是教育与时俱进，全面实施素质教育的关键

现代社会对人才的需求已发生了巨大的变化，其中，对于实践能力和合作精神的要求，是较为明显的两个方面。而对于实验教学的强化，是培养实践能力的重要形式。以物理实验为基础的实践活动，为创造意识的形成提供了条件，成为体现创造性的载体。作为新时代的教育者，教师必须从培养学生全面发展的角度出发，围绕学生的主体设置明确的教学目标，发挥教师对学生的引导作用，调动学生参与实验活动的积极性，通过对实验过程的自主探究，培养学生科学严谨的实验态度，让学生在体验与感悟中获得实验操作的技能，以及解决问题的方法，使物理知识"从学生中来，到学生中去"，让实验成为发展学生思维与品质的重要途径。

实践证明，只有在具体的实验教学中，才能使学生在获取物理知识的同时，潜移默化地形成良好的科学素养。同样，只有加强实验教学，才能有机会培养出具有超强实践能力的学生。这是学生未来成长与发展，以及适应社会发展所必不可少的一种能力。在物理教学中，可从以下几方面做到对实验教学的强化。

1. 重视演示实验，提高课堂教育教学质量

演示实验是物理实验中的一种形式，具有形象真实、生动有趣的特点。演示实验的作用在于通过直观演示的形式，为学生营造出具体生动的物理情景，帮助学生形成物理概念，得出物理规律，强化学生对知识的认识和理解。正所谓"百闻不如一见，百看不如一做"。

物理成绩优秀的学生，其悟性一般都不会太差。悟性能力源于学生对日常生活丰富的感性认识。而物理成绩稍差的学生，其智力水平并不见得比成绩优异的学生水平低，之所以成绩不理想，与他们缺乏对日常生活的用心观察有关。没有直接的体现，头脑中便不会形成感性经验，而这恰恰是物理思维的基础。所以，作为物理教师，要在教学过程中，尽可能向学生呈现丰富多彩的物理现象。光做好教材大纲规定的演示实验是远远不够的，教师还要重复挖掘和利用身边一切可利用的资源，如教材上的一段话、一幅插图、一道习题等，都可以作为实验演示的突破口。与此同时，演示也不应拘泥于固定的形式，物理是"教师演，学生看"，还是"教师导，学生演"，抑或是边学边演等，都可以进行适当的尝试。

2. 认真上好分组实验课，培养学生的思维能力和操作技能

分组实验，是培养学生合作意识与探究能力的有效途径。初中物理分组实验多以测量性和验证性实验为主。提高分组实验效果的关键，在于激发学生的参与意识，以及调动学生眼、手和脑的协调并用。现代教学的意义，不在于教师教学任务的完成，而在于通过一定的教学活动，引起学生思想或行为上的变化，体现在认识、理解、技能、态度等方面。学生在教师的引导下，积极主动地参与实验，发挥思维的创造性与能动性，便能够获得对知识的深刻体验。

通过分组实验教学，学生基本能够达到对知识较好掌握的教学要求。其前提是教师必须做好充分的教学准备，以保证实验的科学性和合理性。与此同时，教师还需要循循善诱，鼓励学生发现并总结实验技巧。在分组实验之前，教师要从学生的实际情况出发，考虑到学生仪器设备使用中可能遇到的问题，或是实验操作中的重难点，教师要提前做好铺垫，进行必要的引导；对于学生在实验中遇到的突发问题，也要及时地给予适当的帮助。不仅如此，教师还应该强化对学生实验精神、责任意识的培养，在实验过程中，致力于学生良好实

验习惯的养成，从仪器设备的使用规范，到实验操作的严谨性、数据搜集的精确性，到实验完成后对仪器设备的整理归位，再到最后的分析反馈，总结实验结果，发现问题及时补救，等等，都应该成为学生自觉性的行为。

3. 充分利用教材中的小实验，训练学生的动手能力

教师要重视教材中的一系列小实验，不能忽视这些小实验的作用。而在实际的物理教学中，存在一些教师对于这类小实验视而不见，或将它们视为课外知识，认为其与考试无关，故而不需要花费时间的现象。殊不知，这些小实验却往往具有取材容易、贴近生活、直观明了、便于操作的特点，之所以设计这些小实验，其出发点是巩固与之相应的课程内容，便于更为形象、直观地理解并掌握所学知识内容。与此同时，这些实验具有较强的趣味性，能够增强学生物理学习的兴趣，源于生活、用于生活的实验，更能够激发其学习的动机。此外，通过实验的操作，还能够锻炼学生的动手能力和思维能力。

4. 实验室对学生开放，给学生创造更多的动手机会

初中阶段的学生，其思维敏捷、充满求知欲，但是由于个体差异性的存在，在兴趣爱好、知识能力、性格特点等方面都表现出因人而异的特点。体现在物理学习方面，主要表现为一些学生不满足于课堂演示的实验，他们有着更渴望自己动手，以满足其强烈的好奇心与操作的欲望；还有的学生想体验实验的过程，但畏惧失败，害怕因实验失败而受到他人讥笑。针对这些想实验或想独自实验的学生，实验室是不错的环境，既提供了实验的条件，给予学生施展能力的机会，又能够让害怕失败的学生得到锻炼。因而，学校实验室应该对学生开放，为学生动手能力及思维培养提供锻炼的平台，让那些对实验操作感兴趣的学生有用武之地；有条件的学校还可以成立科技兴趣小组，鼓励对实验感兴趣的学生自由参加，不仅能够强化实验操作程序，还能够充分激发学生的创造天赋及操作能力，极大地增强物理学习的兴趣。

四、物理实验的分类

（一）按实验操作形式划分

1. 演示实验

演示实验是穿插于课堂教学过程中的用于对教学内容辅以补充性作用的一种实验形式。一般由教师操作完成，或是由学生充当教师的助手，辅助教师完成；抑或是学生在教师的指导下，在全班同学面前完成实验操作。教师引导学生基于演示实验进行观察和分析，一方面能够调动学生的学习兴趣，另一方面能够让学生通过直观的实验体验，对知识形成感性认识，从而深化对物理概念和规律的理解，同时还能够培养学生的观察与思维能力。

实验的演示是教学的一部分，其目的在于帮助学生将抽象的物理知识形象化、生动化，让学生对规律的形成有一个理性的认知，便于对知识的理解和掌握。通常，在课堂中所进行的实验演示，操作都不会太过于复杂，旨在让学生通过实验的观察，获得一定的规律认知。作为教师，要保证实验所呈现的现象明晰、直观，便于学生观察，也要与教学内容有一定的关联性，能够充分说明问题所在。

2. 分组实验

简单来说，就是将学生分成若干小组进行实验操作的活动。分组实验要求教师根据教学大纲的要求及课程标准的规定，科学合理地设计实验内容，引导学生确定实验操作程序和操作步骤，进而有计划地训练学生实验技能和习惯。分组实验突出了学生的合作意识和自主探究的精神。任何教学活动都不应该是对学生的放任不管，分组实验教学也是如此，虽然这一教学形式赋予了学生充分的自主权，但作为教师，也应该对学生们的实验过程进行适当的指导或帮助。鼓励学生独立完成实验操作，处理实验数据，还要引导学生对实验现象或结果做出适当的分析与总结，得出实验结论。

通过具体的实验操作，能够让学生了解基本实验仪器的构造、原理，学会仪器设备的使用，熟悉实验操作的程序和基本流程。分组实验的目的在于引导学生自主探索和验证物理规律。其价值在于既是培养学生探究能力与实验精神的主要途径，也是发展学生创造思维和进行科研启蒙教育的重要途径。

（二）按实验内容划分

1. 探究实验

探究实验，一般是以学生的自主探究为主要形式的实验教学，主要是为了引导学生探索、发现物理规律，在探究中获得知识。探究实验一般由教师提出或在教师引导下由学生提出问题，设定好实验方案，在实验过程中给予学生充分的自主性，让其自行操作，在观察测量中完成实验，分析实验现象与结果，从而归纳总结，得出结论。

2. 验证实验

验证实验是对已有的规律及定律，通过实验的方式进行求证的过程。这类实验安排在相关的知识内容的学习之后。通过实验验证，对所收集的数据进行定量分析，从中得出结论。将所得结论用于与所要验证的定量的比较，看是否符合，若有出入，找出原因，加以修正，从而实现知识的巩固。这便是验证实验的目的之所在。

3. 训练实验

训练实验，其教学目的在于让学生了解基本的测量仪器的操作与使用规范，熟悉实验操作的程序和步骤。即主要是对实验操作技能的训练。物理实验中，常见的实验仪器有游标卡尺、打点计时器、万用电表、示波器等。在进行训练实验时，需要强调各类仪器的操作规范，让学生熟悉并掌握正确操作和使用的方法和步骤，至于仪器的工作原理，了解即可。

4. 测定实验

测定实验是为测定某一物理常数或物理量而进行的实验，这类实验的目的是让学生运用已经学过的知识和熟悉的器材，测定某些物理常数和物理量。例如，测定物质的密度、测定重力加速度、测定介质的折射率的实验。这类实验要求学生理解实验所依据的原理，明确实验的条件、步骤和过程。由于某些不可避免的客观因素的存在，故而允许所测量数据与真实数据存在一定的误差，只要误差在合理的范围内即可。

5. 设计实验

这是一类开放性的实验，是按照实验目的及要求，自行安排的实验，能够最大限度地调动学生思维的能动性和创造性。这类实验对学生能力的要求较高，可作为选修性质的实验课程，供学生根据自身能力自由选择。教学大纲对这类实验没有具体规定。

第二节　初中物理实验评价指标

教学评价是检测教学效果的手段。通过评价，发现教学中存在的不足，能够促进教学的改善。教学的主要参与者为教师和学生，此外，还有教学目标、教材等内容，评价不仅是对教师和学生的检测，也是对教学目标达成度的检验。可以说，教学目标是检测的依据，教学目标的科学与否，直接影响了评价的质量。所以，教学目标是进行科学的测试、做出客观评价的前提和基础。评价有多种形式，无论是诊断性评价，还是形成性评价，抑或终结性评价，都应该围绕教学目标展开。通过精心设计教学目标，便于学习者以此为准绳，在教学目标的指导下，合理安排学习内容，努力达到教学目标的要求，也便于评价自己的学习，找出自身与教学目标的差距，进而发挥学习的能动性。同时，教学目标也是测量、评价教师的教学质量和教学效果的尺度。基于物理学科的实验教学评价，是在教学评价基础上的具体化。它既是对学生物理知识掌握情况的考查，也是对学生物理实验操作技能、方法的考查。

一、传统物理实验的评价考核方式

长期以来，初中阶段对物理实验的评价，主要借鉴的是一般的教学评价的形式。具体方法是给定相应的实验情境，学生基于这个情境进行实验操作，教师根据学生的表现给予一定的评价，主要是对学生实验理论的掌握和操作能力的评判。物理实验的考核方式主要有以下三种。

（一）口头实验考核

这一考核方式突出表现在语言和思维层面，是通过语言呈现某些问题的情境，要求学生对此做出判断、分析、解释，从而对学生的实验知识和技能做出相应的评价。口头考核的最主要形式便是师生交流，师生间就某一问题进行沟通与交流。教师在与学生的交流中，能够了解到实验中所存在的许多细节性的要素，这些都无法通过书面形式表达清楚，从而对学生做出较为全面的评价。

相较于其他形式的评价，口头实验考核具有简单灵活的特点，尤其适用于检查学生的实验准备情况。口头实验考核的不足在于只能是基于理论上的评价，无法检验学生的实验操作技能，而且这一考核形式受主观因素的影响较大，其真实性和准确性有待考究。

（二）书面实验考核

书面实验考核是一种以卷面考核为主要形式的考核方法，其考核内容主要是以相应的文字、图表、符号等情境呈现出来，要求被考核者针对给定的情境和要求，完成对实验内容的表述。教师根据学生的作答情况，对其实验技能做出一定的评判。

实验报告和纸笔测验是书面实验考核的两种主要形式。实验报告较为详细地呈现了实验的整个程序与流程，不仅包括实验目的、实验原理、实验过程与步骤、数据结果，还包括对实验现象和结果的分析，以及所得出的结论与心得体会。这些都构成了书面实验考核的重要依据。其不足之处在于，实验报告是在实验完成之后形成的，是对实验过程的补充和完善，因而具有滞后性。这就难以保证实验报告的真实性和实验过程的一致性。

书面实验考核能够在某一程度上直观地反映出学生的实验水平，且因其成本低、效率高，故而是一种使用频率较高的考核方式，但是"纸上得来终觉浅，绝知此事要躬行"，尤其是物理实验，更需要亲自动手操作，而书面实验评价缺少对必要的实践操作过程的考查，因而难以获得对操作技能的真实评价。

（三）实验操作考核

实验操作考核较之以上两种考核形式，其考核的重心在于对学生实验操作过程的考查。它是通过设置特定的实验情境，让学生按照要求，参与实验的操作过程，教师根据学生的实验程序及步骤，从操作的规范性、准确性等方面，对学生实验技能水平进行考核评价。

实验操作考核的方式是以观察法为主，即教师观察学生实验操作的每一个环节，根据学生的实验表现，在以相应的标准为依据的基础上，给予学生客观真实的评价。观察法能够直观且及时地反映学生的实验操作能力，因而具有较高的信度和效度。

虽然传统的物理实验考核评价在一定程度上能够反映学生物理实验理论及操作技能水平，但其过于注重实验的结果，而忽略了知识的建构及实验的过程；只关注学生的认知和操作，却忽略了对实验中所蕴含的态度、精神、情感的关注。

教学评价的目的在于从评价中获得反馈信息，用于指导教学；实验评价也不例外，是要基于评价，从评价中发现问题，在解决问题的过程中获得发展，提高物理实验操作能力和实验素养。因此，实验评价，也必须以认知、操作、情感为目标。

二、基于学科核心素养的探究性实验教学评价指标的确定

任何评价方式的建立，都离不开一定的标准，而评价指标是目标的具体化，因而物理实验评价是建立在一定的评价指标基础上的。

（一）评价指标的确定

2017年版中学物理课程标准将物理学科核心素养概括为四个维度。因此，在基于学科核心素养评价物理探究实验时，可从物理概念、科学思维、科学探究以及科学态度与责任四个维度进行探讨，每个维度又可细化为若干要素，由此构成一个相对完整的物理核心素养指标体系，如表4-1所示。

表4-1 物理核心素养指标体系

维度	要素	维度	要素
1. 物理概念	1.1 物质观念 1.2 运动与相互作用观念 1.3 能量观念	3. 科学探究	3.1 问题 3.2 证据 3.3 解释 3.4 交流
2. 科学思维	2.1 模型构建 2.2 科学推理 2.3 科学论证 2.4 质疑与创新	4. 科学态度与责任	4.1 科学本质 4.2 科学态度 4.3 社会责任

（二）评价指标能力层次的确定

在教育目标分类理论中，布鲁姆将教育目标分为认知、动作技能和情感三个领域，并将三个领域细化为能力要求逐步提高的多个层次目标。再结合物理学科核心素养的思维目标及具体的课程标准，可归纳出各维度目标相应的能力

层次。

1. 物理概念能力层次

物理概念是在物理学视角下形成的有关物质、运动与相互作用及能量等的基本认识。其属于认知领域的范畴，因而，可认为其与核心素养目标中知识与能力目标属于同一层次，因而可将物理概念归为认知领域。根据课程标准中对知识目标的水平划分，我们将物理概念的能力层次划分为"了解""认识""理解""应用"和"独立操作"五个能力层次。

2. 科学思维能力层次

科学思维是学习和运用物理知识和方法所必备的能力，是对过程与方法目标的提炼和发展。因此我们认为课程标准中要求的三维目标当中的过程与方法，与我们所说的科学素养维度中的科学思维处于同一个层次，而模型与建模被大多数发达国家的物理（科学）课程纳入认知要求、实践要素以及跨学科共通概念之中。由于科学思维考查的是学生的综合能力，因此可以将物理思维划分到认知领域中的后三个能力层次，分别为理解、应用、独立操作。

3. 科学探究能力层次

课程标准中三维目标中的过程与方法目标正是让学生经历科学探究过程，学习物理学的研究方法，这与物理学科核心素养中的科学探究目标恰好一致。因此我们认为，科学素养维度中的科学探究与三维目标中的过程与方法目标处于同一个层次。因为科学探究既针对学生的实验设计又包括学生的实验操作，所以我们将科学探究中的实验设计部分划分为理论知识的评价领域，而将实验操作部分划分为动作技能领域。

4. 科学态度与责任能力层次

科学态度与责任是在情感、态度与价值观目标的基础上加入了科学本质、科学伦理、社会责任三个方面的要求。因此笔者认为，物理学科核心素养维度中的科学态度与责任与三维目标中的情感、态度与价值观目标处于同一个层次。因此可以将科学态度与责任划分为情感领域。将科学态度与责任的能力层次划分为"经历""反应"和"领悟"三个能力层次。

第三节　基于核心素养的初中物理创新实验教学案例分析

一、基于学科核心素养的物理实验教学策略

（一）分组实验，促进学生协作交流

在中学实验教学中，分组实验是大部分教师采取的主要实验形式。分组实验不仅能够锻炼学生的实验操作能力，更重要的是还能培养学生合作探究的意识，有助于科学品质及能力的养成。

1. 分组实验，重视探究、培养能力

教师根据实验教学的需要，并结合学生的实际情况，将学生分为若干小组，以小组为单位开展实验活动。分组实验最大限度地给予了学生充分的自主性，让学生自由发挥，积极参与实验的过程。在小组实验中，每个人既是参与者，亲自动手操作，也是旁观者，观看小组内其他成员或其他小组成员的操作，实验体验更为丰富，这样，在互帮互助、合作探究的过程中，每一个学生的实验能力以及核心素养都能够得到有效锻炼和提升。分组实验的形式是灵活的、开放的，氛围是活跃的。在这样的环境背景下，学生的思维能动性、创造性能够得到最有效的激发。

2. 培养创新意识，提升自身素养

由于教学条件的限制，每所学校提供实验教学的情况存在差异性，但不能以此为借口，就放弃大纲所规定的一系列实验。物理是研究自然现象与规律的学科，其科学性表现在能够经受实验的检验。实验对于物理学科来说，是不可或缺的重要部分。有条件的学校要最大限度地利用实验教学资源，而条件较差的学校也应该重视实验教学，在充分利用现有仪器的基础上，挖掘身边可利用

的其他实验资源。而分组实验能够节约资源，给予每个学生参与实验的机会，而且分组实验可促进学生思维发散，"一千个读者就有一千个哈姆雷特"，通过对不同学生所提方案的综合，可产生许多创新性的思想。而且，通过小组讨论，能够更好地促进实验方法的创新。

3. 小组实验注重反思，注重科学态度的培养

基于传统的教学模式，教师常采取以讲代练的方式，这种重理论传授的方式，无法真正培养学生科学严谨、实事求是的实验态度。而以小组为单位的分组实验，既能够让小组成员间相互配合与监督，以促进问题的发现和解决；同时，教师也可以在实验后对小组实验进行评估，能够及时发现小组成员在操作中的问题，如操作不规范、对数据的记录不真实，或是误差太大等，这些都是影响操作能力、科学思维，以及科学态度的因素。通过设置实验后的反思环节，有助于让学生发现自己的问题，从而摒弃固化思维，形成善于质疑、敢于验证的精神。

教师设计了一种用弹簧测力计测物体受到浮力的分组实验，用以区分两种密度相接近的清水和淡盐水。

学生在实验后发现，用该方法并不能区分出清水和盐水。于是教师引导学生思考实验的原理、观察实验器具的刻度、分析引起实验误差的原因。经过交流，学生认为该实验的原理是正确的，只是由于重物的体积较小，在清水和盐水中受到的浮力差距不大，弹簧测力计分度值太大，读不出差值，所以实验不能成功。教师又引导学生从改用分度值较小的弹簧测力计或改用体积较大的物体入手，选择新的实验器具重新实验，达到了区分两种液体的目的。

教师也可以设计让学生用普通量筒区别质量相同而密度相近的两种液体（或两个固体）的实验，学生通过实验后用取得的数据，分析、判断出用该方法也不能区分两种物质。学生通过分析，改用分度值小的量筒或改为先测体积后比质量的方法区分出两种液体。通过这些实验，不但培养了学生的观察能力、动手能力、想象能力、逻辑推理能力、归纳总结能力和交流合作的能力等，还让学生懂得设计的实验既要符合科学性原则，更要注意可操作性。

（二）转变教学观念，提高实验兴趣

无论是教师还是家长，都应该摒弃这种传统的狭隘思想，将注意力放在学生的全面发展及能力的提升方面，而非单一的分数。注重学生情感态度的丰富

及物理思维与态度的培养。除此之外，还应该注重培养学生将物理知识用于解决实际问题的能力。

在苏科版八年级上"引言"中，课本安排了四个有趣的演示实验和分组实验，认真做好这几个实验，能有效地激发学生学习物理的兴趣，提高教学的效率。例如，在做两支蜡烛燃烧的实验后，此时教师应因势利导，将两支蜡烛的实验深化，问：

（1）如果将这两支蜡烛放进上端开口的圆筒里，两支蜡烛会怎样燃烧？

（2）如果将这两支蜡烛放进更细一点的250mL的量筒中会怎样？

要让这两支蜡烛燃烧，可以采取什么方法？

在学生充分发表自己的意见后，教师适当地进行点拨，使学生认识到同样是蜡烛在燃烧，但燃烧条件不同结果会不一样，从而告诉学生"为了解开这些物理之谜，在探究物理现象的过程中，我们应该勤于观察，勇于提问，善于探索，联系实际"。

（三）理论与生活结合，满足实验资源供给

物理与生活的联系是颇为紧密的。生活中很多现象都可以用物理知识来解释，同样，生活中的某些情境，也可以用于辅助理解物理实验及现象。在物理实验教学中，引入生活化的实验情境，使得物理现象或原理更加具体化、生动化，学生通过对实验的直观感知，以及直白的生活现象的描述，能够更透彻地理解和掌握知识点。

理论与生活结合，对于物理实验尤为重要，需要引起教师和学生的注意。在基于核心素养的物理研究实验中，强化理论与生活的结合，能够促进学生思维的活跃，以及对知识的运用能力。一方面体现了从实验中探究现象的本质，另一方面又是将物理本质运用于指导实践，解决生活中的实际问题，实现知识的运用价值。

在实验教学中，教师要有意识地引导学生的发散思维，对于实验中遇到的问题，要尽可能地结合生活经验去解决，初中物理实验器具，有很多是教仪厂生产的，但还有一些教学仪器，应该是教师根据教学内容的需要，用学生身边的文具、家中或生活中随手可找到的废弃材料拼凑制作而成。例如，教师让学生做"自制乐器"：学生们用竹子、塑料管做了哨子、竖笛；有学生用几根橡皮筋做成了高低音不同的"筝"；有的用纸做成鼓，竹筷绑上布条做成锤，

当堂敲击大小不同的鼓，发出不同频率的声音。又如，在课堂上教师可以让学生用铅笔研究：①压力、压强；②滑动摩擦和滚动摩擦；③铅笔痕迹是由不连续的颗粒组成的；④电阻的大小与长度的关系；⑤做成密度计，研究浮力；等等。再如，学生用纸研究：①比较纸片下落的快慢；②测量纸片下落的速度；③惯性；④流速和压强的关系；等等。

教师在用自制的器材演示时，应该告诉学生自制器材的制作过程，一则让学生体验到教师为教学做出的努力，二则让学生知道研究物理规律并不一定要精密的仪器，只要用这些仪器做出的实验，能说明物理道理、研究出物理规律即可。教师应该积极主动地将生活融于实验教学，设置生活的实验目标和方式，激发学生的实验积极性和创造性，从而提高物理实验教学的有效性。

（四）演示实验操作，激发实验活跃性

演示实验具有简单、直观且生动的特点，若用于新课导入，有助于调动学生的兴趣，将学生的注意力吸引至物理知识的学习上；而在物理概念规律的讲解中辅以演示实验，不仅可以活跃课堂氛围，通过真实情境的还原，更有助于学生在实验观察中加深对知识形成过程的理解，进而提升教学的效果。由此可见，演示实验是物理教学中必不可少的，是常见的一种教学手段。

演示实验并不是教师的秀场，进行演示实验的操作除了教师个人，还可以是某一个学生在教师的指导下独立进行，其他学生作为观众，观看实验的整个过程；抑或是师生共同完成实验演示。在这一过程中，学生在教师的引导下，观察现象，进行现象的思考和衍生，进而发现问题，在对问题的分析与思考中得出结论，最后对所得结论进行反思，通过这一系列过程，有助于启发学生的思维，促进学生对物理规律的发现和认识，培养学生的综合素养。例如"研究气泡在充水玻璃管中运动规律的实验"，教师设计的实验方法如下：

① 取一只内径1cm的玻璃管，管中充水并留有一个水泡，翻转玻璃管，让学生看气泡在水中上升。由于玻璃管的内径较大，水中的气泡上升很快，达不到观察匀速运动的教学要求。这时教师引导学生提出问题：水泡上升运动的速度很快，它是不是做匀速直线运动？水泡上升运动的速度很快，是不是因为管子的内径太大了？如果换用油来做实验，效果是不是会改变？有学生提出：若用油做实验会造成污染，建议将管子的内径改小后还是用水做实验。

② 教师取出第二只玻璃管，翻转玻璃管让学生观察气泡的运动情况。看起

来气泡在管内是匀速向上运动了，但怎样才能确定是匀速运动呢？有同学提出在玻璃管上每隔10cm做一个记号，记录气泡通过每一小段距离所用的时间，加以比较就可以确定了。

③ 教师取出第三只玻璃管，上面做上了记号，组织学生记录气泡通过每一段的时间，记在画出的表格中并算出各段的速度。最后经过交流，学生掌握了匀速直线运动的概念、测物体运动速度的方法、速度的计算等知识点。这个实验的教学过程虽然用时较多，但整个实验过程体现了科学探究的过程，尤其是当一个学生指出用油做实验会浪费并污染环境后，有学生说可以用排油烟机中接下的油做实验，管子的两端密封起来，不仅不污染环境，还可以多次使用。这一点已经超出该知识点的范畴了。

演示实验在物理教学中具有如此重要的作用，作为物理学科的教师，不仅要重视，而且要强化演示实验的效果。

（五）多媒体设备利用，辅助实验理解

多媒体设备利用，即在传统的教学过程中，借助计算机多媒体的相关功能为教学服务的一种教学模式，能够为教学提供人机互动的交互环境，是一种相对来说较有进步意义的教学形式。多媒体教学是对传统教学模式的改革，是一种新型的教学手段，能够在一定程度上弥补传统教学模式中的不足。其主要操作，是通过组织课件，并以计算机为载体，来向学生呈现丰富的教学内容的教学形式。在这种教学模式下，学生不仅能够自主学习，还能够与他人或老师形成交互关系，有助于团队意识、合作意识的养成。

比如，八年级"天平和量筒的使用"一节，应用多媒体展示它们的使用细节，一目了然，学生特别容易接受。之后的"密度"教学，可以使用投影展示同体积不同物质、同物质不同体积的物体，学生通过实验操作获得数据，师生共同进行分析、总结归纳，最后得出结论。这样可以很好地对师生的探究过程及结果进行共享、讨论，更好地合作学习，形成好的学习方法，培养好的学习精神和习惯。再比如"凸透镜成像规律"的教学，这部分知识点，需要学生进行分组实验探究，另外，学生需要对规律进行记忆。一节课的探究，只能选择几个位置点进行实验，观察记录结果。学生往往无法全面完成实验任务。为了更好地完成本课教学任务，让学生更好地认识、理解、掌握本节知识点，我们通过多媒体，选择了一个全程展示实验过程的视频。通过视频移动蜡烛，可以选择任何位置，随意停留，进行观察实验结果，弥补了实验课时间、空间、器材等方面的不足。最后师生自如地对实验结论进行分析总结，得到"凸透镜成像规律"。全体学生经过多媒体手段的进一步体验学习，都有了很大的长进，能够很快地记忆和掌握本课内容。

当前，各学校都已引进了现代教学技术与设备，并运用于教学实践之中。在物理教学中，对多媒体的运用，已并不罕见，如伽利略的斜坡实验的教学。实验条件是坡面足够光滑。这是一种理想的实验状态，现实中很难达到这种状态，而利用多媒体，通过PPT、几何画板工具，就可呈现出小球沿光滑斜面滚下来做匀速直线运动的画面。再如，宏观的实验，这无法在现实中通过实验进行具体操作，这时候多媒体就发挥了巨大的作用，利用多媒体播放原始画面，将国家进行的航天研究演示给学生观看，不仅能够很好地完成教学的目标，还能够激发学生的科学精神，激发学生物理学习的动机。

（六）课后实验设计，巩固课堂实验

课后实验是教师结合课堂教学的内容，鼓励学生在课后发挥思维的能动性与创造性，根据所学知识，自主设计实验，自制实验设备，通过独立完成或是在家长的辅助下完成实验操作，达到巩固知识的目的。物理实验是物理教学的一部分，因而，大部分教师一般都会在课堂上进行实验演示或实验教学，很少有教师安排学生进行课后实验，即使给学生布置了课后实验，也没有强制要求学生必须完成，因而，很少有学生主动去完成。这就需要教师在教学中有意识地去引导，培养学生自主学习的意识。

课后实验一般可分为两类：一类是基于当堂实验，并对其进行的延伸，设置这类实验，目的在于对课堂实验的巩固和扩展。这类实验的操作过程一般都不会复杂，实验要求也较简单，实验器材通常是生活中随处可见的，或是需要动手自制的，因而不会花费太多的时间和精力。另一类是课堂实验的延续。也就是说，这类实验本应在课堂完成，但由于时间把控不合理，需要在课后继续完成。这类实验一般是具有探究性且具有一定意义的实验。

无论是哪一类的课后实验，只要认真对待，都能够对知识起到一定的巩固作用，而且，这类实验一般操作简单、趣味性较强，学生对于这类实验一般都是感兴趣的，教师要善于引导和利用这类实验，对学生进行思维的训练，培养其创新意识，以促进整体核心素养的提升。如要求学生运用所学的温度计的使

用方法，记录一个星期内（至少3天）的气温变化，并把记录结果填入表格；或是利用体温计测量记录自己的体温，填入表格。

强化课后实验，还能够加强教师、学生、家长之间的联系与协作，促进学生在与他人的合作互助中，学会交流与分享，在讨论与沟通中提高分析问题、解决问题的能力，增强学生的成就感，提升思维能力。

二、基于核心素养的初中物理创新实验教学案例分析

基于核心素养的物理实验教学策略的分析，笔者以初中物理《连通器》一节为例，来进一步阐释核心素养与实验创新在教学中的融合。

"连通器"是教科版初中物理八年级下册第九章第3节的内容，从对教材内容的分析来看，这一节内容设置在学生学习了压强和液体压强的知识点之后，已有一定的知识储备和认知。从本节内容设置的意图来看，可看作液体压强相关内容的延续及强化，更重要的是培养学生将所学知识运用于实践，解决实际问题的能力。

教学大纲对本节内容并未提出具体的要求，但是在新课标中有提到："学生需要了解压强在生产生活中的应用。"由此可见培养学生知识迁移能力的必要性。基于以上分析，笔者以连通器为例，将其作为压强知识的拓展与延伸。

从教材内容和体系的安排来看，《连通器》一节的内容包括连通器结构的介绍及原理，通过实验探究连通器里装同种液体时的液面特点。在内容的编排上，也辅以生活中的典型案例，对连通器的运用加以介绍。在对教材内容熟练把握的基础上，结合学生实际及教学要求，笔者将教学过程划分为四个环节。同时，又根据每一环节的教学目标和要求，进一步细化。具体过程如下。

（一）感知物理概念——探究连通器结构环节

1. 情境创设，引入新课

作为新课的开始，激发学生的兴趣，吸引学生的注意力是尤为关键的。这就要求教师掌握一定的新课导入的技巧，通过良好的教学情境的创设，最大限度地调动学生的积极性，并将学生的思想引入特定的学习情境中，从而保证课堂教学的有效性。笔者建议，对于连通器的实验教学，可以采取多媒体和演示实验相结合的方式，过渡到新课的教学。这样，既能够渲染气氛，达到激发学生的好奇心和学习热情的目的，还能够强化实验在物理教学中的地位。

2. 新知讲解，理解概念

概念是抽象的，是客观存在的事物的本质属性在人脑中的反映。基于核心素养的物理概念，是知识的内化，也是其他三个核心素养的基础。在物理概念的教学中，要关注概念的形成、内化及运用这三个方面。教师要引导学生认识概念的形成过程，强化通过探究达到概念的内化，并灵活掌握概念的实际应用。其中，概念形成过程，是学生自我建构和思维能力发展的过程，是概念内化和运用的前提，所以教师尤为关注。在引导学生构建概念的过程中，实验不失为一种更为直观、简单的方法。通过具体的实验，指导学生在"观察—比较—概括—抽象"中不断尝试，以形成科学的概念。笔者建议，在"连通器"实验教学设计中，可以采用类比法、归纳法等，让学生对连通器结构进行对比归纳，为学生概念的形成奠定良好的思维基础。

（二）动手实验探究——探究连通器中各液面的特点环节

1. 分组实验，体验现象

在具体的实验操作教学中，教师可根据教学的实际需要和学生的特点及能力水平，将学生分为若干小组，以小组为单位，进行科学探究的实验过程。需要在教师的指导下，让学生观察并猜测不同容器中盛装液体时液面高度，进而通过实验探究，体验真实物理实验情境，把握实验现象，为下一阶段的物理思维能力的养成奠定基础。

2. 实验探究，体会过程

基于科学的物理实验探究，学生对于不同容器中所盛装液体的液面特征有了一定的了解。在此环节，需要引导学生重视实验探究过程中出现的问题，让学生在反复实验与拓展探究的过程中，不仅强化对实验操作的熟练程度，更重要的是通过不断的实验与探究，提高实验操作及探究能力。

（三）严谨科学思维——探究连通器各液面特点产生原因环节

1. 理论分析，严谨思维

物理实验的目的在于培养学生的科学探究意识和能力，并能在科学思维的指导下，将探究结果用于认识和解决实际的问题。与此同时，对学生实验过程中的操作环节及步骤的考核，以及实验中的科学性、严谨性的态度，乃至解决问题的能力等，都是基于科学探究实验、学生核心素养所要提升的方面。在本环节中，笔者将学生对实验现象的理论分析作为教学设计的重点，这也是连通器作为液体压强知识应用环节的关键体现。

2. 实验验证，突破难点

不同的教学环节中，教师引导学生的关注点是不同的。上一环节中，教师重在引导学生对研究对象选取、研究状态选取和理论知识联系三个方面的科学思维训练。同时，通过情境转变和重点因素变化，让学生根据变化的情境，灵活地运用所学知识，进行适当的分析。本环节中，通过在连通器不同容器中装入水和油两种不同的液体，帮助学生突破连通器中液面特点的难点，让学生对连通器中液面静止时液体的条件有更加深入的认识。同时也为学生将来面对不同液体条件时，对压强大小和实验现象预设有更加深刻的认识。

（四）明确科学态度与责任——探究连通器应用环节

1. 综合分析，能力提升

物理是一门运用科学理论指导实践的学科。物理学习的根本在于掌握物理现象和规律，进而用于解决实际问题。因而，科学态度和责任是必不可少的，对于物理学习至关重要。科学态度是探究科学本质所必需的本质，它是指："认识科学本质，理解科学、技术、社会与环境关系的基础上，逐渐形成对科学和技术应有的正确态度及责任感，主要包括科学本质、科学态度、社会责任等要素"；科学态度和责任是核心素养的重要内容。本环节，通过引导学生关注连通器在生活中的具体应用，特别是在三峡大坝船闸中的应用，不仅有助于学生对连通器原理及特点的进一步认识和巩固，而且有助于增强学生的爱国主义意识，强化对学生的爱国主义教育。

2. 应用拓展，素质提升

科学态度与责任不仅是核心素养的重要组成部分，也是物理教学的发展方向。对学生科学态度与责任的培养，必须坚持过程性导向，将科学态度与责任的培养贯穿物理教学始终，并持之以恒。不仅如此，还需要教师善于在教学中创设情境，不遗余力地为核心素养的培养创造有利条件。基于此，在本环节的设计中，笔者以连通器液面特点的利用为问题情境，以学生自主完成实验设计为重点，鼓励学生通过小组合作交流的方式完成实验探究，在探究过程中，逐步提高学生的科学态度与责任。

第五章

基于核心素养的物理概念教学

第一节　物理概念概述

物理概念是对客观世界认识的结果，是人类在与客观世界的相互作用中形成的，是人类主观能动性的反映与体现。人的主观能动性的发挥过程，也是人的思维、认识与实践交替的循环往复的过程。

一、物理概念的特点

作为物理知识的基本元素的物理概念，是一类物理现象的共同特征和本质属性在人脑中概括和抽象的反映。物理概念具有一般概念的特征，同时也具有本身的特殊性，它具有以下五个特点。

（一）客观性

物理概念是从物理现象中概括和抽象出来的，它反映了物理客体的本质属性和内在联系。物理学上任何一个概念的形成和发展都离不开科学实践，并随着科学实践的深入发展而不断发展。

（二）抽象性

一个物理概念就能反映出极其大量形形色色的物理现象的共同本质属性，物理概念具有高度的抽象性，它超脱了具体的现象而说明了事物的本质属性和内在联系。这是物理概念难学的一个重要原因。

（三）精细性

客观事物有方方面面的属性，表面上看来有些属性是相似或相近的，但用不同的物理概念能把这些属性精确地区分开来，这就是物理概念的精细性。

（四）可测性

所有物理概念都具有质的规定性，其中的多数又同时具有量的规定性。具有质、量两个规定性的物理概念叫物理量。一切物理量都能被测量，用仪器测量能够给出其数值。

（五）局限性

物理概念是科学发展特定历史阶段的产物，它必须适用于一定的条件和范围。

二、物理概念对物理学习的重要意义

（一）提高学生的物理应用能力

物理概念是学生在获得知识、方法和技能的过程中逐步形成较为基础的物理认识观，以及将其内化为解释自然现象、解决实际问题的物理能力。物理认识观可通过对"物质""运动和相互作用""能量"三部分的系统学习，形成初中物理知识和基本认识，并能够将其中的核心概念和规律在头脑中进行提炼和升华，最终建构出初步的物质观、运动观和相互作用观及能量观。

（二）有助于激发学生的基本物理思维

思维能够对人的认识和能力产生能动的作用。思维是具有意识的人脑对客观事物间接的、概括的和能动的反映。物理思维是人脑对客观物理事物（包括物理对象、物理过程、物理现象、物理事实）的本质属性、内部规律和事物间相互联系进行抽象，形成间接的、概括的和能动的反映。思维形式有形象和抽象之分，对于物理思维而言，它是思维的具体化，因而同样具有这两种思维形式。形象思维建立在可感可知的事物之上，如感觉、记忆、图形、空间、想象等；而抽象思维是较高级别的思维形式，依赖于人的认知和能力，如分析、综合、演绎、归纳、推理等。

基于核心素养的物理概念教学，就是要在教学中注重对学生物理思维的培养。根据初中物理的学科特点，物理思维包括意识、方法和能力三个方面。其中，物理意识是指，在物理学习与生活中，对于所遇到的现象和问题，能够有意识地从物理学的视角，自觉主动地运用物理学知识去分析和解决。物理方法即解决物理现象和问题的方法。物理方法分为显性和隐性两种，常见的控制变量法、转化法、模型法、极限法、数学分析法等属于显性物理方法。

基于核心素养的物理概念教学中，为了更直观地反映物理中某一现象或规律，通常会建立理想化的模型。这种模型，往往在实际的物理过程或情境下，抓主要矛盾，而忽略次要因素，如物理中对匀速运动的研究。小车在笔直的公路上匀速行驶，可视其做匀速直线运动。然而，匀速运动是一种理想的状态，笔直的公路也是理想状态，小车在运动中还受空气、地面摩擦力的影响，建立匀速运动模型，便是忽略了这些客观因素的作用，以及它们对小车作用力的微小变化差异。同样道理，分析滑轮组时忽略绳重和轮、轴间的摩擦，这也是一种理想模型化处理。

除学习中常见的显性方法外，物理学习中还会形成内隐的思维方式。如对液化、凝华现象，学生的思维路径是先分析物质初态、相应条件、吸放热过程及物质末态，依照这样的思维路径进行相关现象的解释。这就是隐性的思维方法，即思维习惯。

思维能力是学生物理分析和解决问题的基本能力，一般来说，思维能力表现在学生能够从定性和定量两个方面，采用多种方法，进行分析推理、归纳总结、得出结论、反馈评估、结论应用及拓展创新的系列过程。在此过程中，创新是思维能力的特殊要求，也是现代社会人才所必备的能力。物理教师在实施物理教学的过程中，要有意识地培养学生独立思考的习惯，鼓励其敢于质疑的精神，促使学生在提出问题、分析问题的过程中，获得能力的提升与创新思维的发展。

（三）有助于提高学生的实验探究能力

科学探究于学生来说，是学生通过学习所要达到的能力和要求，是物理教学的目标；而对于教师来说，科学探究又可作为专注于学生能力培养的一种重要的教学方式。物理是一门融科学性与实践性较强的学科，因而，科学探究是物理学习中必不可少的。作为物理概念的重要组成部分，科学探究在物理学习中发挥着重要作用，尤其是在物理实验教学中。实验教学是被广泛运用于物理学科的一种教学方式。实验探究不仅能够帮助学生获取知识，掌握物理实验必备的操作技能，还能够发展学生的实验能力，对于提高学生的科学素养有着积极的促进作用。

在物理教学中，教师要有意识地引导学生独立完成设计实验、收集和分析实验数据等，通过对学生自主意识的培养，锻炼学生的动手、动脑能力，从而提高学生的实验技能。同时，在实验过程中，还要培养学生的合作意识，让学生在实验探究过程中，学会与人合作，形成科学的合作精神，以及在实验数据的收集与分析中，形成科学严谨的态度。实验探究是科学探究的形式之一，是培养学生物理概念素养的重要途径。实验探究能力的形式与要求，是以科学探究为基础的。所以，实验探究能力的基本要素也分为提出问题、猜想、设计实验、进行实验、分析论证、评估、交流与合作。即学生在教师的引导下，进行实验现象的观察和分析，进而提出相应的问题，并根据所提问题展开合理的想象和推理，然后在教师的帮助下或是在与他人合作的前提下，设计科学的探究方案，选择并利用相应的实验器材进行实验操作，收集并准确记录数据，通过多种形式的辅助手段分析数据，进而总结归纳出结论，根据所得结论的精确与否，反思实验方案和过程，并提出有针对性的改进意见。

虽然这只是物理学科的探究，但掌握了物理探究的思维和方法，具备了一定的物理思维与能力，在解决物理以外的实际问题时，只需要灵活变通，将物理思维和方法迁移至实际问题的解决中，便能够对问题做出正确的表述和理解，借助物理实验探究的一系列操作，实现问题的解决。这也是发展学生物理概念素养的体现。

三、初中物理力学概念教学过程

初中物理教学过程中，针对学生智力以及能力的发展，除了需要培养学生善于观察生活中物理现象、善于探索实验、注重研究和分析以外，最重要的一点就是要让学生在学习的过程中掌握、领悟并学会正确地应用物理概念。因此，物理概念教学模式的构建十分重要，要想让学生真正领会到物理概念的意义，掌握物理知识，构建物理概念教学模式时可遵循以下几个步骤。

（一）通过适当的方法引入概念

在物理力学概念的教学中，首先是对于概念的引入，如何让学生认识一个新的概念，要让学生产生兴趣和求知欲望，一步步深入了解概念产生以及发展的过程，而不仅仅是死记硬背概念的定义。概念的引入可以通过之前学习的知识自然过渡，也可以通过设计实验，还可以通过生活中的一些现象等多个方面引入，教师应该根据概念的内容以及特点灵活运用这些引入方法，以期得到最佳的教学效果。当然，在引入新的力学概念时还要注意学生的前概念，要帮助学生去除错误前概念的影响，引导他们掌握科学的概念。最后还要营造一个适合学生学习，激发学生兴趣、思考的教学环境，有效完成教学目标。

（二）抓住现象本质，形成概念

所有的物理概念在建立时都是以客观现实为基础，表现物体的运动状态或反映物质的本质属性，所以在进行物理力学概念教学时，要通过具体的客观现象、实例、实验的角度来进行解释，通过生动形象的展现让学生形成一个明确、清楚的认识，再进行分析总结，认识到现象或事物的本质属性，实现感性认识到理性认识的转变。遇到简要、概括性较强、不易理解的概念，教师应该对概念进行逐字的分析和解释，通过对概念的深化以及细化，让学生能够深入理解现象或事物的深层含义。另外，还应该强调物理力学概念中的关键字词，这些都是体现事物或现象本质的精髓，是不容忽视的，要让学生准确地理解并加深记忆。

（三）通过比较以及对比分清概念

有些物理力学概念是通过与其他概念之间的联系进行定义的，比如力所做的功就是由力的大小以及力的方向，以及位移的大小之间的乘积来定义的。这就使得在物理力学概念中有很多的概念有些相似，学生容易混淆，比如压力和压强分不清楚，不明白重力和重量的区别，等等。但是每一个概念的内涵都是明确的，教师要对其进行纵向的对比，让学生明确它们的区别，掌握其独特的物理意义，同时也明确二者之间的关联，加深理解。

（四）应用于实践，活化概念

在力学概念教学的过程中，学生最初对于概念的理解可能仅限于字面含义，不够全面，也没有深度。只有应用于实际，将抽象的概念具体化，才能发现学生可能错误的前概念以及片面、不科学的理解并进行纠正，让学生的印象更加深刻，理解更全面具体。教师可以通过布置作业，让学生解释生活中的物理力学现象、分析实际问题；也可以在实际的生产实践或者是科学实验中让学生亲身感受物理力学概念的应用。无论是哪种方式，都可以通过实践加深学生对于物理力学概念的理解，丰富概念的内容，巩固对于概念的记忆，同时提高学生分析解决问题的能力。当然也要在实践物理力学概念的过程中提出有意思的问题，让学生学会积极地思考，提高学生对于物理力学概念的兴趣，从而促进学生头脑中形成概念，理论联系实际，通过概念的理解发展学生的思维能力。

（五）整理总结，巩固概念

知识的记忆总会有一个遗忘的过程，在学习新概念的最初，遗忘也是最快的，然后随着时间的延长，遗忘开始变慢，但遗忘的内容越来越多，因此在物理力学概念教学的过程中也要预防遗忘、巩固知识，在学完之后还要定期进行总结复习。巩固是对于概念认识的深入，通过对所学的众多力学概念的总结归纳，可以形成完整的物理力学概念体系，使得概念的结构更加清晰，内容更为丰富，并且必须长期坚持，确保物理力学概念可以长时间记在学生脑海中，不被遗忘。

第二节 物理概念的构成

一、物理概念的构成

（一）物质属性的观念

1. 物质观念

物质由大量的分子、原子或离子组成，这些粒子又由更小的粒子组成，比如物质内部的原子由原子核和核外电子组成，原子核中又有质子和中子，在核子中还有更小的微粒，比如夸克等。

2. 物质无限可分观念

在古代，就已经产生了物质无限可分的观念："一尺之棰，日取其半，万世不竭"，但这只是一种抽象的观念，缺乏科学依据。近代的物理学证明了这种假说的可靠性，如原子可分为原子核和电子，而原子核又可分为质子和中子，质子内部又由夸克组成，然而又遇到夸克幽禁的困难，所以这种无限可分的观念是有条件的。对应地，又提出另外的一种假说，即物质是有限可分的，因此，在现代物理学面前，这种假说又似乎站得住脚，所以只有将两种假说结合在一起才能真正地接近物理学真理。

3. 宏观物质和微观物质的观念

宏观物质和微观物质在物理中遵循不同的运动规律及形式。例如，牛顿力学适用于宏观物质，而不适用于微观物质，对于微观物质所处的世界中，某些物理量不是连续分布而是量子化的，可用量子力学处理。在宏观物质的世界中，位置和动量是确定的，而微观中，它们是不确定的，所以在研究微观物质时，需采用统计物理学的方法。

4. 场的观念

19世纪30年代，法拉第提出一种观点，认为在电荷的周围存在着由它产生的电场，而且近代物理学的理论和实验验证并且发展了法拉第的观点，电场以及磁场已被证明是现实存在，并且是互相联系的，统称为电磁场。场和分子、原子组成的实物一样具有能量和动量，场与实物是物质存在的两种不同形式，场充满整个宇宙，是一种客观物质。

（二）运动的观念

在远到宇宙深处，近至咫尺之间，大到广袤苍穹，小到微观粒子，都在永不停息地运动，绝对静止的物体是不存在的，物理学研究物质存在的基本形式，以及它们的性质和运动规律。物理中的运动主要有宏观物体的机械运动，比如直线运动、曲线运动、平抛运动、圆周运动、导体棒在磁场中的运动、带电粒子在电磁场中的运动等，另外还有微观粒子的运动，主要是分子无规则的热运动。

（三）相互作用观念

① 牛顿力学中力不是维持物体运动状态的原因，而是改变物体运动状态的原因。牛顿的三大定律奠定了经典力学的基础，第一定律：一切物体总保持匀速直线运动状态或静止状态，除非作用在它上面的力迫使它改变这种状态；第二定律给出了力与质量、加速度之间的关系；第三定律表明两个物体之间的作用力和反作用力总是大小相等，方向相反，作用在同一条直线上。牛顿三大定律解释了作用力的性质与本质，揭示了力与运动之间的关系。

② 对称性思考，两个相互作用的物体之间，有作用力必然有反作用力，引发出了一种对称性思考，这种思考对于物理学发展起着重要的作用，比如奥斯特发现电生磁现象，引发了法拉第思考磁生电现象。在负电子发现几十年后狄拉克预言了正电子的存在，并被其他科学家发现。正电子的发现开辟了反物质领域的研究。

③ 四种相互作用力，它们是万有引力、电磁相互作用、强相互作用和弱相互作用。引力是自然界的一种基本相互作用，它存在于一切物体之间。电磁相互作用即电荷间的相互作用、磁体间的相互作用。强相互作用，在原子的内部有一种未知的强大的相互作用使得原子核紧密地保持在一起，属于短程力，作用范围只有约10^{-15}m，即原子核的大小。弱相互作用，是在放射中起作用的一

种基本相互作用。

（四）对称守恒的观念

什么是物理规律呢？对于每一个科学工作者来说，这是力图回答的问题，科学家们总是会在变化着的世界中寻找出不变的天地，能量守恒定律就是对这种不变性的陈述。能量转化与守恒定律的确立，将自然界中各种运动形式相互联系起来，是由卡诺、迈尔、亥姆霍兹、焦耳等科学家发现的，具体表现为以下几点。

1. 机械能守恒定律

主要研究动能与重力势能及弹性势能的相互转化中存在的定量的关系，其内容是：在只有重力或弹力做功的物体系统内，动能与势能可以相互转化，而总的机械能保持不变。注意动能、势能在所研究过程的初末两个状态相对应。

2. 热力学第一定律

焦耳实验表明以不同的方式对系统做功时，只要始末两个状态是确定的，做功的数量就是确定的。也就是说，改变系统的内能，做功和热传递是等价的，内能的增量与功、热量之间的关系是$\triangle U=Q+W$，式中W是外界对系统所做的功，Q是外界传递给系统的热量，它们都是过程量，而内能U是状态量，因此$\triangle U$表示变化过程初、末状态的内能变化量，与过程无关。

3. 焦耳定律

通有恒定电流的电路是一个能量转化系统，但各种形式的能量之间如何转化是有条件的，在电路中，只要有电流通过电阻，必然会有电能转化为热能，而热能的大小就由焦耳定律来决定，对于纯电阻元件，电流做的功全部转化为热能。

4. 楞次定律

其内容是感应电流具有这样的方向，即感应电流的磁场总要阻碍引起感应电流的磁通量的变化。楞次定律体现了在电磁运动中的能量转化和守恒定律，由于外加作用力使得原磁场磁通量发生持续变化，从而产生稳定的感应电流，且克服周围的磁场阻碍原磁场的磁通量的变化而做功，将其他形式的能转化为感应电流的电能，就是能量转化的过程。

5. 能量转化与守恒定律

可以表述为：能量既不会凭空产生，也不会凭空消失，它只能从一种形式转化为另一种形式，或者从一个物体转移到另一个物体，在转化或转移的过程中，能量的总量保持不变。该定律告诉我们，各种形式的能可以互相转化。该定律把原来人们认为的互不相关的各种现象——力、热、声、光、电、磁、化学、生物等联系在一起，把不同的各类运动统一在一个自然规律中。

以上物理概念是物理概念体系中最为基础的，是深入认识物质的性质和运动规律以及形成更高层次物理概念（如量子观、统计观、对称观等）的前提。随着知识经验的丰富和认知能力的提高，物理概念也在不断丰富发展，这有利于科学世界观和方法论的培养。

二、基于物理概念形成的单元教学

（一）单元教学理论

1. 单元教学设计

单元教学的理论来源可以追溯到建构主义，它是一种自上而下的教学设计模式，即先呈现整体性的教学任务，学习者在完成这一学习任务的过程中，逐级发现子任务，进而培养和掌握解决各子任务所需要的知识和技能。

单元教学设计是为完成某一学科的课程教学，而进行的以优化教材结构为目的的，整体性、系统性的教学设计。单元教学设计需要综合把握与学科内容相关联的逻辑材料，并结合学生的认知规律，进行科学合理的组织。其目的在于让学生通过学科的学习和思维的加工，使零散的知识形成关联性强的知识体系。同课时教学设计相比，课时教学设计强调的是某一课时的知识目标，而单元教学设计以单元内容为基础，立足于单元内容间的联系，是从单元整体性出发所进行的知识间的连接设计，学生所学习的也不再是分散的知识。

基于当前的教学设计研究实践，具有代表性的单元教学模式一是日本学者提出的"主题—探究—表达"模式，二是"ADDIE"模式，即"分析—设计—开发—实施—评价"模式。目前，基于单元的划分，一般有两种方式：一种是根据知识结构，以符合学习者认知规律的方式编排；另一种是根据教学要求和学生的实际情况，打破教材限制，而建构符合学习者经验的新教学模块。本研究所指的教学单元，是围绕教材内容而划定的，按照同一主题的相关内容，将其串联起来的教学单元。

2. 单元教学设计与物理概念形成的契合性

对于物理教学来说，观念的培养不仅在于学生知识的获得，而更为重要的在于知识的形成过程。通过知识体系的建构，促使学生形成能力素养。对学科形成结构化的认识，可以明晰学科中的各概念规律之间的本质联系，可以在面对问题时自发地调动结构中的各个知识进行解决。单元是围绕核心知识主题，将相关物理知识根据性质、特征、关联性组成的教学模块。单元教学可以将结构化的单元知识教授给学生，同时也可以帮助学生将系统的知识结构与学生已有的认知结构相融合。

由此可以看出，单元教学能够在整体与部分之间形成良好的衔接，帮助学习者把握知识的关联性与整体性，减少碎片化知识的现象，避免学习者在学习中的一叶障目，让学习者构建系统性的知识体系，这与物理概念的培养目标相契合。

（二）基于物理概念形成的单元教学设计模式

通过对单元教学的分析，为提高教学的有效性，加强对学生物理概念的培养，需要转变教学思路，打破单一的知识点为主的教学方式，而从学科内容的整体性出发，改进教学设计。以此为基础，笔者提出了单元教学策略。基于核心素养的物理概念单元教学，需要以物理概念为教学核心，以任务实现和问题解决为驱动。具体设计流程如下。

1. 把握物理概念，科学制定单元教学目标

（1）分析教学要素，提炼单元教学目标

教学要素包括课程标准、教材内容，以及知识中所蕴含的物理概念等。教学目标的确定是教学的基础和前提，目标的确定，需要遵循由大到小、由宏观到微观的顺序，即课程目标→学段目标→单元目标→课时目标。其中，单元教学目标是中观层面的目标，既是对学段目标的细化，也是对课时目标的统领。单元目标的确定，离不开对课程标准的解读、教材内容的把握，以及教材内容所涉及物理概念深度理解的基础上。

对于单元目标来说，就是要解读物理课标，把握物理单元的教学要求，明确需要教什么以及如何教的问题，与此同时，还需要把握知识的难易度及深浅度。对教材的分析，需要建立在对教材整体把握，以及对单元内容准确把握的基础上，找出单元教学内容的编排规律，确定单元内容在整个教材中的地位。

物理概念目标则是依据"基本物理知识—物理核心概念—物理概念"的逻辑顺序进行梳理。

课标中指出的中学阶段物理概念需要掌握的是物质观、相互作用观以及能量观，在对教材与课标的把握中，找出基本物理知识所对应的物理概念，以及与物理概念有关的物理知识和物理思想方法。

（2）基于学情确定单元教学目标

单元教学设计的目的在于学生对知识的系统性认知，因而，学生是单元设计的出发点和落脚点。在进行单元教学设计时，要以学生的实际为基础，立足于学生的认知状况，做到从学生的主体性出发。对于教师而言，不仅要了解学生现有的与单元内容相关的知识水平，还需要了解学生对知识的前认知，以及学生在观念、思想、方法、技能方面的发展水平。全面了解学生的实际与单元教学任务之间的联系。对学生的了解并不局限于智力水平，还包括非智力方面的，如学习兴趣、自我效能感等。通过对学生情况的综合分析，对其发展空间做出客观的评估。进而对于不同学生的不同发展空间，有针对性地制定教学目标及相应的单元目标。

2. 紧扣物理概念形成路径，凸显单元知识结构的整体规划

单元教学设计，不仅要从学科的整体性着眼，遵循结构性原则，而且要围绕物理概念，以促进物理概念的发展为目标。

（1）以物理概念统领物理知识学习

物理概念是物理学习的基础，在物理教学中占据着举足轻重的地位。因而单元教学的设计，需要围绕物理概念而展开，以高屋建瓴的视角去完成教学设计。物理知识的形成是一个不断建构和完善的过程，因而，观念的形成与之相似，具有层次性，因此需要依据"基本物理知识—物理核心概念—物理概念"的路径进行物理概念的建构。其中，基本物理知识包括基本物理概念、基本物理规律、物理方法以及物理思想。因此，基于物理概念的学习，就不再局限于单纯知识点的掌握和运用，而是更关注于知识的形成过程，在知识形成过程的体验中，掌握物理研究的思维和方法，获得将抽象的知识转化为具体的、系统化的知识体系的能力，从而提炼并升华物理概念。

（2）基于物理概念，建构结构性知识框架

基于物理概念的知识框架的建构，主要有两个途径：一是从概念、规律的逻辑出发；二是从物理概念形成路径出发。无论是物理概念还是物理规律的形成，其都不是互为独立的，而是存在一定的内在逻辑联系。构成这一联系的主线，是基于核心概念而串联起来的知识体系。以匀变速直线运动为例，在这一单元，核心知识系统为匀变速直线运动。为了阐述这一运动规律，首先需要用于描述运动的物理量位移、时间，以及由位移与时间的比值定义出的速度，再根据速度变化的情况而定义出加速度概念，在有了描述运动的各物理量后，就是匀变速直线运动的规律。通过这样的联系，就将各匀变速运动的概念、规律串联成一个整体性的结构体。当完成了匀变速直线运动规律的学习之后，需要更进一步地挖掘其内在原因，由此引出了加速度与力的关联，并将运动和力联系起来，形成系统性的认识，就此形成对运动与相互作用观念的初步理解。由此可以看出，知识框架的构建，需要教师明确单元核心知识，并围绕核心知识展开知识间的联系建构。研究表明，知识框架与物理本质的反映以及物理概念的形成都有直接的影响，越是凝练的知识框架，对物理学科本质的揭示越深刻，所形成的物理概念越清晰。

3. 依据物理概念形成路径，合理设计单元驱动任务与问题

单元教学目标的实现，依赖于对单元驱动任务与问题的合理设计。为促使学生自主构建知识，需要采用任务驱动法，将知识目标融于任务之中，并围绕任务来进行教学设计。具体内容如下：在明确单元教学目标之后，立足于单元知识结构及物理概念构建的流程，制定单元学习任务；进而根据学生的认知规律以及物理知识形成过程，细化任务。由此可以看出，对任务的划分是单元设计的关键，对任务的设计，需要把握不同任务间的联系性，除此之外，还需要把握任务的难易度和可操作性。

通常，课时任务需要以问题呈现，以问题的形式对任务的呈现，能够最大限度地在学生与教学任务之间搭建有效沟通的纽带，通过将核心任务细化为单元子任务，能够便于学生对教学任务的理解，进而明确核心问题，通过问题的启发，能够激发学习者的思维，进而在思维的作用下，再提取出驱动问题。这样在环环相扣、层层递进的过程中，学习者自主探究的能力也因此而得到锻炼。

因而，从知识的整体性出发，通过任务与问题设计的双线并行，促使单元内容在学生脑海中形成一个知识体系。

4. 显化物理概念，设计单元学习活动

学习活动的设计，不仅要体现单元任务，以学生物理概念的形成作为目标，还要反映完成单元目标所对应的问题。学习者在学习过程中，其对物理概念的认知是伴随着主客体反复的相互作用实现的。由此可见，物理概念的形成是一个不断反复的过程，主客体相互作用的活动，是物理概念形成的基础，在学习过程中扮演了重要角色。人的认识的过程，不仅是将客观信息融入大脑的过程，自身已有的经验也是必不可少的。认识的过程也就是新旧知识在实践中相互调整，形成新的认知。

（1）从问题出发设计学习活动

认识的提升，离不开学习活动的作用。学习活动是将教学内容转变为动态行为的关键。学习活动的开展需要以一定的教学内容为前提，而教学内容的传播又必须以活动为载体。因此，物理教学需要以活动为基础，学习者在学习活动开展的过程中，发展物理思维能力，掌握物理思想方法，形成物理概念。

单元教学学习活动的设计要始终围绕教学实际与学生需求，在坚持教师主导和学生主体地位的前提下，紧扣情境性原则和探究性原则，针对相应的学习任务而开展。在传统课堂中，教师一般也会丰富与教学相关的感性材料，旨在帮助学习者进一步的学习，问题是，这些感性材料大多是由教师加工而来的，并非来源于真实情境，这样的材料，对于学生来说，作用不是很明显。

基于物理概念培养的单元教学活动的设计，一定要注重材料的真实性，取材尽可能做到真实或者尽可能从真实情境出发，以便让学习者在开放性、真实性的情境中，体验物理问题的提取与解决过程。

教学目标是情境及活动设计的依据，基于教学任务和问题驱动的活动设计，每一个活动，都是围绕一个特定的问题而展开的，而所有活动也都指向单元核心问题的解决。对于某一单元学习活动来说，它是以单元教学目标为依据，而针对单元任务和问题所进行的划分。通过设计相关的学习情境，融一定的学科知识于相应的学习活动之中。在教学设计时，教师应当对学习活动所涉及的内容、方式、过程以及课程活动时间等进行预先安排、合理规划。此外，值得注意的是，物理知识或物理概念的认知与把握，离不开学习者的亲身感悟与体验。越是核心的知识及观念，越需要学习者亲身的活动经验，参与活动探究及问题解决的思考过程。

（2）学习结果评价

学习结果评价是在学习结束后，依据教学要求对学生的学习情况进行评判。评判有利于教师及时调整学习活动的安排。学习结果的评价方式包括形成性评价和结果性评价。形成性评价可以通过学生间交流问题、师生交流问答以及作业来评判学生的学习成效；结果性评价可以通过教师设计单元测验题进行评判。

三、基于物理概念形成的单元教学设计案例

下面以其中的"质量"概念教学为例，对单元教学设计进行具体阐释。《质量》是义务教育教科书（人教版）初中物理八年级上册第六章第一节的内容。"质量"概念教学一节内容在学生物质观建立和发展过程中处于关键位置：是学生从小学阶段具体的实物认识过渡到抽象的物质认识的第一步，为后面建立质点概念打下基础；也是学生从关注宏观物体过渡到关注组成物体的物质，将来进一步过渡到物质结构和微观组成的重要环节。质量作为物质的重要属性，概念的建立和实验测量为后续学习密度、能量等概念做了铺垫。

在整个密度单元教学设计中，我们对学生物质观建立的前概念进行了前测问卷调研，测试中发现在对"质量"概念的前认知中，学生存在物体和物质概念混淆、质量单位和体积单位混淆、不理解质量为何是物体的属性等误区和困难点。基于上述对教材、课程标准和学情的分析，我们在"质量"新授课中设计了以质量概念的建立为明线，以学生物质观的发展为暗线的双主线教学目标，基于目标设计教学主要环节和问题链，整合并选择合适的教材内容和素材，通过创设情境渗透跨学科核心概念、对比实验、联系物理学史和前沿等教学策略，突破从学生前测中发现的认识误区，实现学生对物质认知从具体到抽象、从宏观到微观的顺利过渡，切实促进学生"物质观"的发展。

（一）教学过程

教学环节一：创设情境，引入物体和物质的概念

素材：播放宇宙和自然界不同尺度的场景图像：宇宙中的星云，自然界中的万物：树木、房屋、水、尘埃……

问题设计：同学们观察这些图片，分别代表了什么物体？

物理概念：物体、物质。

物质观发展：自然界中的万物，从宏观到微观都是由物质组成的。

跨学科大概念：尺度、比例、数量、系统。

教学环节二：分类比较，认识身边的物体和物质

素材：①从身边的实物开始认识物质，能讲出不同种类的物质分类。对比图片1：竹筷、竹勺、竹砧板；图片2：铁丝、铁片、铁钉。②区分物体和物质，如：铁丝、铁钉是物体，铁是物质。

问题设计：①对比图片中的物体分别由什么做成？②做成竹筷和竹砧板所用的竹子一样多吗？

物理概念：物体、物质、质量。

物质观发展：区分物体和物质的概念，明确宏观物体是由物质组成的。

跨学科大概念：结构和功能、尺度、比例、数量。

教学环节三：阅读材料，认识质量的单位

素材：①学生前测中对质量单位的认识和误区统计。②生活中的质量单位、质量国际单位的历史和前沿阅读材料。

问题设计：①你知道生活中有哪些质量单位吗？②你知道质量的国际单位kg是如何定义的吗？

物理概念：质量。

物质观发展：物质是客观存在、可观测的，可以用数据定量表达物质的多少。物质有质量；质量单位的定义和发展。

跨学科大概念：尺度、比例、数量级。

教学环节四：实验操作，质量的测量

素材：①前测中质量测量的生活经验。②生活中、实验室中测质量的工具图片。③学生阅读实验操作说明，演示实验：托盘天平的操作。④实验器材：托盘天平、橡皮泥。

问题设计：①同学们在生活中有没有测量过质量？②托盘天平的使用要点是什么？

物理概念：质量。

物质观发展：物质是客观存在、可观测的。学习生活和实验室中测量质量的方法和技能。

跨学科大概念：系统和系统模型。

教学环节五：对比实验，加深对质量是物质属性的理解

素材：①实验：测橡皮泥形状改变前后的质量。②实验：碘加热前后物态变化，质量不变；水凝固前后物态变化，质量不变。③实验：聂海胜上太空前后测质量的实验。④实验：糖溶解于水，质量不变；碳酸钠和稀盐酸反应前后测质量。

问题设计：①物体形状改变，质量变吗？②物体状态改变，质量变吗？③物体位置改变，质量变吗？④化学反应后，质量变吗？

物理概念：质量。

物质观发展：质量是物体的固有属性，不随物态、形状、位置的变化而变化。通过实验验证质量守恒定律：化学反应前后质量守恒；通过系列对比实验进一步理解封闭系统中的质量守恒。

跨学科大概念：系统和系统模型、稳定与变化、守恒。

（二）反思与启示

1. 利用前测数据和阅读素材

鼓励学生自主发展物质观，在《质量》一课中，物体、物质和质量的概念建立与实际生活联系较多，通过课前对学生的前测调研可以唤醒学生的生活经验、发现认识的误区。根据"质量"课前测，我们对其中思维难度低的下位概念及事实性知识，如质量的单位、生活中质量的测量工具、托盘天平的操作说明等，采取了学生分享学习和自主学习替代教师直接讲授的策略。

2. 通过大概念引领，突破由宏观到微观的思维障碍

《质量》一课中，学生物质观建立的难点在于他们此时还没有建立起微观的视角，很难解释为何质量不随物态的变化而变化、化学反应前后质量不变等实验现象。我们认为在学生物质观发展的过程中，不仅需要学科的概念和事实性知识支撑，更要联系背后的跨学科大概念来理解。例如，教师通过课程引入时展示从宇宙到身边的自然界、实物物体的图片，以及点评质量不同单位时按数量级排列等策略，引导学生从跨学科大概念尺度、比例、数量级等角度，初步意识到从宏观到微观的物质世界。再比如，教师在解释质量是否变化时，打破学科界限，对比物理和化学实验，并引入系统的概念解释：碳酸钠和稀盐酸化学反应实验在敞口烧杯中进行时，反应前后质量为何变了？在密封的塑料瓶中完成化学反应，前后质量为何不变？从而引导学生从系统的视角来理解物质

的守恒，体会在封闭系统中物质没有减少质量就不会改变，从而理解碘升华物态变化中质量不变。

3. 联系物理学史和前沿，体会物质观的发展性

在学生物质观的整体发展过程中，由于初中生认知的局限性，对物质大概念的理解具有阶段性，这种理解到高中以后还会发生变化。如对质量概念的界定，初中仅仅从牛顿《自然哲学的数学原理》一书中引用了"质量是物体所含物质的多少"作为描述，显然是不严谨的。因此对此时物质观的理解不能绝对化、固定化，而是要让学生从科学史及前沿联系的角度，体会物理观念的发展性。例如，在本节课授课前，恰逢第26届国际计量大会召开，通过了"修订国际单位制"决议，修订后的新国际单位体系以量子力学中的普朗克常数为基准，替代"国际千克原器"重新定义了质量的国际单位"千克"。将这部分阅读材料和教材上的《质量单位——千克的由来》阅读相结合，能帮助学生更好地理解质量概念的发展性、客观性、可检验性，从而培养科学态度与责任。

4. 通过实验获取证据，审辨物质观建立的科学性

不同于历史上哲学层面对物质的解释，物理学科视角下的物质观发展不仅仅是模糊的经验和感受，更要经得起实验检验。促进学生物质观的发展不是简单记忆知识结论，而需要在物理实验中通过证据支持，分析论证、去伪存真，不断加深学生对物质的认知和理解。因此在《质量》一课中，对于学生认识有误区、理解困难的部分，我们精心设计了多项实验予以突破。如在质量不随物态变化而变化的理解过程中，设计了碘升华、水结冰等不同物态变化过程前后质量测量的对比实验，并创新引入了物理变化和化学反应实验的对比，帮助学生更进一步体会物质的守恒。

第三节　物理规律及其教学实践

一、物理规律教学的内容

不同的学习主体，学习目的不同，因而，物理规律教学活动的关键是引起学生学习的意向，从不同的角度挖掘能够吸引学生学习兴趣的触点。就同一事物的学习来说，其存在性质、概念、习惯、态度等方面各不相同，如何成功地将学生的注意力转移到所要学习的事物上来，以赢取学生学习的意向，是教育者需要考虑的问题。针对不同学生的个性特点，以多样的学习形式开展丰富的教学活动，教学活动最好由学生自己来完成。教学是有目的、有计划的活动，对于教学内容、教学方法，不能仅仅是教师明确，学生更应该明确，否则，学生的主体性得不到体现，能动性得不到发挥，教学效果必然大打折扣。

（一）物理规律的特点及教学要求

初中物理要求学生能够定性地描述物理现象和过程，这既是对小学科学课程中观察认识物理现象的进一步深化，也是达到高中阶段对物理课程定量分析和研究要求的基础。那么，学习物理规律具体对教学有什么要求，透过物理规律的特点便可窥见：

第一，物理规律具有客观性。规律是客观存在的，它不是由谁发明创造出来的，也不会依赖谁的意志而改变，我们只能借助一定的方法去发现，去认识并加以利用。在物理学中，通常借助观察、实验、思维、想象和数学推理等方法研究物理规律。其中，观察和实验是发现物理规律的基础，思维、想象和数学推理是信息加工方式，人们在大量观察和实验的基础上进行系统的思维、想象和数学推理活动才探寻到符合客观事实的规律。

教学要求：

一是学生学习物理规律必须从物理事实出发，以物理实验、生活现象等客观事实作为物理规律存在的依据。

二是从具体的事实出发得出物理规律要经过思维、想象和数学推理的抽象过程，因此要注重发展学生将具体物理事实转化为抽象物理问题的能力。

三是使学生明白物理规律只能发现，不能发明，学习规律的意义是将规律合理运用于生活实践中，促进人类的发展和进步。

第二，物理规律具有抽象性和概括性。一条物理规律是由若干物理概念组成，并通过数学公式或逻辑语言来表明这些概念之间的联系，从而揭示事物发展的本质。规律中包含的某些概念本身就具有抽象性，一条规律中还包含若干个概念，这使得规律的抽象性大大增强；数学公式或逻辑语言是一种脱离了具体的对象、数量大小等因素的通用性的语言，因而具有高度的概括性，用它们来表明物理抽象概念之间关系的物理规律，自然同时具有了抽象性和概括性。

教学要求：

一是规律反映的是它所涉及的概念与概念、概念与规律、规律与规律之间的联系，新的规律教学开始前，要确保学生已经对所学规律中涉及的概念及规律形成了正确的理解。

二是物理规律通过公式或语言反映了物理现象中的有关物理量间的数量、因果等关系，学生掌握规律的关键就是发现这些关系，因此应将探究这些关系作为规律学习的主题，注重引导学生总结得出规律所运用的物理学中的研究方法。

三是用符号描述的物理规律虽然形式上是抽象的，但它来源于具体形象的客观事实，并且利用它能够解决真实物理问题，即规律本身隐含着形象性。因此可以说，规律在内容上是具体的，教学时要注重给抽象的规律描述充实以具体的实例及问题，突出规律的物理意义，使学生从更直观具体的角度认识规律的本质。

第三，物理规律具有近似性和局限性。许多物理规律在自然条件下是不够精确甚至是不能够被验证的，这是因为自然条件下的观察和实验存在许多不可避免的干扰因素，使得绝对条件达不到、误差不可避免，例如，受精密度限制的测量仪器的测量结果存在偏差；无论多光滑的材料都没办法消除摩擦力，使得伽利略的"斜面实验"无法实现。

对于这类物理规律，人们只能做到尽量精确，只能忽略一些次要因素，得出近似准确的数据，使用科学的方法建立理想模型或过程，反复思索推理得出。所以"反映物理现象和物理过程的发生、发展和变化的物理规律，只能在一定的精度范围内足够真实但又是近似地反映客观世界"。另外，由于物理规律是在一定的条件控制下得出的，所以它还具有局限性，每条规律都要有明确的适用范围和条件，超出这一范围或条件，规律将不再正确。

教学要求：

一是物理规律教学中，一定要明确指明规律的适用条件和范围，并通过一定的教学方法反复提醒学生在使用规律解决问题时分析题目与规律适用条件和范围是否相符，这样才能防止乱用规律、乱套公式的现象。

二是要使学生明白，物理规律不是永恒不变的终极真理，而是绝对真理与相对真理的辩证统一，鼓励学生用发展变化的眼光看世界，形成发展变化的正确世界观。

（二）物理规律的一般教学过程

从加涅的规则和高级规则的学习层面来说，学生掌握物理规律要经过形成、理解、深化和运用四个阶段，在学习方法上一般需要从对规律的感性认识出发，之后借助理性思维及物理方法进行规律探索和分析，从而形成对规律的正确理解，最终通过习题训练学会运用规律。从知识的陈述性和程序性阶段层面来说，学生首先要形成对物理规律的陈述，之后再通过练习对规律从不同角度深化认识，将其纳入自己的知识体系中。总结起来，初中物理规律的教学是一个教师引导学生进入规律情境、探索发现规律、讨论深化规律、整合运用规律的过程。以下将对这一过程做出详细描述。

1. 进入规律情境

一节课中无论教师准备的内容如何丰富而深刻，教学方法如何得当，如果不能从一开始就吸引学生的注意力，不能使他们主动参与其中，那么即使教师讲得再好，学生的学习体验也是糟糕的，学习效果也不能达到预期。因此，对于抽象的物理规律，在教学的开始阶段，创设一个能够引起学生探究兴趣的情境是十分必要的。以浮力教学为例，在进行规律情境的创设时，教师可出示图片，如图5-1所示，并提问：为什么重达万吨的轮船能够在水上航行，而不会沉底呢？是水的浮力作用的结果吗？

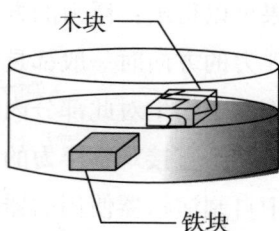

图5-1　水中的铁块和木块

　　假设水产生浮力，那么我们都知道，物体所受到的重力是竖直向下的，根据二力平衡的知识，我们可以推断出浮力产生的方向是竖直向上的。我们知道了浮力的方向，那么浮力究竟有多大呢？水产生的浮力能够使万吨巨轮漂浮在水面上，那么图中的铁块为什么没有像万吨巨轮一样漂浮在水面，而是沉到水底呢？而相同体积的小木块为什么漂浮在水面上，而没有沉底呢？由此引出本节课要研究的问题——浮力的大小。

　　物理规律的情境创设方法通常是联系生活中熟悉的情境，借助物理实验演示，学生动手体验。除了激发学生学习主动性外，创设情境也是为即将学习的物理规律做准备的，因此，情境还需与物理规律相关，要能将学生导向发现问题、探索规律的阶段。

　　2. 探索发现规律

　　这一阶段是针对上一阶段提出的问题来设计和实施解决方案的过程。在这一过程中，学生运用物理学中常用的研究方法，经过提出猜想与假设、制订计划、设计实验、实施实验、记录或搜集信息、分析信息、得出结论等一系列步骤展开探索，最终的结果是总结出或者验证物理规律。在此环节，可开展探究实验：放进水里的铁块究竟会不会受到浮力的作用？我们选择用实验来验证这个问题。在弹簧测力计的下端悬挂一个铁块，然后将铁块慢慢浸入水中，再对比两种情形下弹簧测力计的示数大小，这样能否说明什么问题呢？让学生进行分组实验并将实验数据记录于表中。

　　通过这个实验可以让学生认识到，浸在液体中的物体会受到浮力对它的作用，并让学生学会用相应方法对物体受到的浮力大小进行测量，再通过自制教具进行演示实验：将自己制作而成的关于浮力方向的演示实验器材进行演示，此时要注意提示学生注意观察细线的方向是怎样的，由此来对物体受到的浮力方向进行判断。通过实验结果可以得出：浮力的方向是竖直向上的，并且与重力的方向相反。教师在讲解浮力的方向时一般都是口头陈述一下，学生并没有亲眼看过，这样的话就非常不利于学生对此部分内容的理解。但只要老师不嫌麻烦，通过自己制作的教具让学生直接观察浮力的方向，那么学生在掌握浮力问题时就会比较容易。（其中自制演示器使用的器材有：烧杯、细线、乒乓球等）提出问题：是不是只要物体浸入液体中，液体就会对它有一个浮力的作用？将所带的教具进行演示实验：准备一个空矿泉水瓶，剪掉其底部并将其倒放，将乒乓球放入其中，再把空矿泉水瓶的瓶盖打开，往里面加水，会发生什么现象呢？若选择把瓶盖盖上，又会出现怎样的状况呢？此时正好引导学生对浮力的产生原因进行一个分析：由于物体浸在液体中，导致其上下表面受到的压力大小有差别，从而让学生意识到物体上下表面受到的压力差就是我们所讲的浮力，即：$F_浮 = F_{向上} - F_{向下}$。

本实验通过很容易得到的乒乓球和矿泉水瓶就可以进行，从而可以启示学生，可以多利用生活中的小物件来对物理规律进行探究。

物理规律按照获得的方法不同而分为实验规律、理论规律、理想规律，与之对应，课堂中这一阶段会使用实验归纳、演绎推理归纳、综合归纳等方法引导学生展开探索。探索规律注重培养学生使用物理研究方法研究问题的科学精神，教师需要同时对探究内容及研究方法进行引导和启发，为学生提供自主、独立探索的机会，使学生有效感知及初步理解物理规律，同时掌握探究规律问题的一般方法。

3. 讨论深化规律

通过前两个阶段的学习，学生对物理规律的认识还只是停留在知道或浅层理解的层面，讨论规律是帮助学生对规律形成更加深刻的理解与认识，防止学生死记硬背。在初中阶段，对物理规律的讨论涉及四个方面：物理规律的物理意义，规律表述中的关键词语与公式中各字母的物理意义，公式中各物理量的单位，物理规律的使用条件和范围。重点讨论哪些方面，应该是学生在理解和运用规律时容易出现偏差的地方，教师可通过引导学生更深一步分析和处理实验数据的方法或者借助具体实例加以引导和说明以上四个方面。仍以浮力规律教学为例，通过相关的实验操作，鼓励学生对自己的实验过程进行报告，然后得出相关的正确结论：当物体浸入液体时，物体受到的浮力大小与物体浸入液体的深度、物体的体积和形状等因素是无关的。当物体浸入液体时，物体所受的浮力大小与排开液体的体积、排开液体的密度有关系。让学生根据自己的能力，思考并提出对浮力大小可能有影响的因素有哪些，然后让学生进行归类整理，将我们所归类的问题分配到每个小组，规定学生必须自行设计实验方案，再由老师对各组的实验方案设计进行指导，学生再按照经过指导后的实验方案进行实验，最后得出相关的正确结论。

4. 整合运用规律

运用规律是将抽象的文字描述具体化的过程，这一过程一方面是学生对物理规律的巩固、深化和活化，另一方面也是学生分析问题能力、解决问题能力、创新能力得到综合运用和发展的过程。运用规律一般从具有示范性的典型例题开始，通过师生共同努力使学生对规律的理解逐步深化、活化，对分析问题的思路与方法逐步领会；之后，教师提供练习题，学生在独立解决问题的过程中加深理解，强化领悟到的解题方法，练习题要注重结合日常生活实际；最后，要求学生自己在生活中发现一些实际简单的问题，并运用所学规律创造性地解决。

二、物理规律的类型

物理规律包括定律、定理、理论等。物理定律是通过大量具体事实（包括观察和实验）归纳而成的结论，如开普勒定律、牛顿运动定律、能量的转化与守恒定律、万有引力定律、气体实验三定律、热力学定律、库仑定律、欧姆定律、电磁感应定律、光的反射与折射定律等。物理定理是依据一定的规律，经过逻辑推理而获得的结论，如动能定理、动量定理、理想气体的状态方程等。物理理论则是指在若干相关的定律和定理的基础上，逐渐形成对某一领域的宏观规律的抽象认知。这种抽象一般都会经历假设、验证和发展（包括否定与肯定）的过程。例如，关于天体运动的地心说和日心说、热质说、分子运动论、安培分子电流假说、光的波动说和微粒说、原子结构理论等。从规律的获得过程进行分类，可分为归纳型规律、演绎型规律、经验型规律。

（一）归纳型规律

物理学中的绝大多数规律都是在观察和实验的基础上，通过分析归纳总结出来的，称为归纳型规律。如牛顿第二定律、欧姆定律、法拉第电磁感应定律、气体实验三定律等都是通过实验的研究，在实验的基础上总结得到的。在教学中可以根据这一特点，分别通过设置探究实验、验证实验或者演示实验的方法来进行归纳型规律的教学。

（二）演绎型规律

物理学中有些物理规律是以已知的物理规律为根据，通过推理获得的，叫作演绎型规律。如动能定理是根据牛顿第二定律和运动学公式推导出来的，万有引力定律主要是牛顿根据开普勒定律、牛顿第二定律、牛顿第三定律，经过数学推理而发现的。在教学中，如果学生已经具有了规律推导所需要的知识，教师可以适当简化问题情况，引导学生自己进行规律推导。

（三）经验型规律

物理学中有些规律不能直接用实验来证明，但是具有足够数量的经验事实。如果把这些经验事实进行整理分析，忽略次要因素，抓住主要因素，推理到理想情况下总结出来的规律，称为经验型规律。经验型规律是在物理事实的基础上，通过合理推理至理想情况下总结出的物理规律，因此在教学中可应用"合理推理法"。如在牛顿第一定律的教学中，要引导学生通过在不同表面上做小车沿斜面下滑的实验，发现平面越光滑，摩擦阻力越小，小车滑得越远。如果推理到平面光滑、没有摩擦阻力的情况下，小车则将永远运动下去，且速度不变，做匀速直线运动，从而总结出牛顿第一定律。

三、物理规律教学应注意的问题

（一）引导学生参与建立物理规律的过程

有的教师在进行物理规律教学的实践练习时，急于让学生尽快知道物理规律，将前人总结的结论直接告诉学生，结果是学生不清楚为什么要学习这个规律，不了解前人为得出这个规律所经历的曲折过程，没有经历建立物理规律的过程，不知道物理规律的作用和意义，给人"囫囵吞枣"的感觉。物理规律反映的是物理概念之间的联系，是压缩了的知识链。

进行物理规律教学时，应该让学生像科学家一样经历探究物理规律的活动，拉长建立物理规律的时间，引导学生主动发现物理规律，使物理规律的教学过程成为学生的"再发现"过程和"准研究"过程。

（二）重视科学方法教育

教育心理学理论告诉我们，学生学习物理规律的过程与科学家建立物理规律的过程有很多相同的地方，所以在学习物理规律教学技能时，不仅要让学生经历科学家发现规律的过程，更要借鉴科学家研究物理规律的方法。物理教师在进行物理规律教学时，对知识点非常清楚，但对于科学方法并不清楚，没有意识到其中存在的科学方法，或者说很少考虑科学方法的因素。

物理知识只有结合科学方法才具有生命力，学生只有通过科学方法才能掌握知识，应用知识。所以要想使学生学习时自觉使用科学方法，必须重视科学方法的教育，把科学方法的本质揭示出来，使学生真正理解科学方法。例如，用比值定义法定义概念时，不仅要指出比值定义法的概念，更要点出比值定义法的内涵。所谓比值定义法，就是用两个或多个物理量的比值来定义物理概念，要知道比较的关键是选取相同的标准，因为只有选取相同的标准，才能使比较的结果有意义。

第六章

基于核心素养的科学思维的
培养及教学

第一节　科学思维理论概述

一、相关概念界定

（一）思维

无论是物理思维，还是科学思维，都是思维的特殊形式，具备思维的一般属性。因而，对物理思维和科学思维的概念界定，需要从思维的概念着手。基于不同领域的研究，人们对思维有着不同的认识。从哲学上来看，主要研究思维的意识形态问题，即思维与存在的关系。从心理学上看，思维形成于人类有意识地对客观世界做出反应的过程中。在医学领域，从脑科学的角度，将思维活动归结于脑电波的作用，尤其是与脑电波的快波有关。从信息论的角度来讲，思维被视为伴随人类信息加工过程而产生。而逻辑学在对思维的研究上，主要侧重于思维形式及规律，为人类认识事物奠定了基础。

由此，可对思维进行综合性的归纳，得出观点如下：思维是人脑有意识地对客观事物的间接的、概括的和能动的反映。思维离不开感知，感知是思维活动的基础和前提。感知和思维是两个不同的概念，不能等同。从程度上来说，思维属于高级认知过程。这是因为，通过思维，人们能够透过客观事物的表面，达到对事物本质属性及内部规律的深层次认知。由此，可将"概括性""间接性""客观性和主观性的统一"作为思维的主要特征。

所谓"概括性"，是在进行思维时，先抽象概括事物本质属性和非本质属性，进而将某一事物的本质属性延伸至同类事物，即实现由个别到一般的过程。所谓"间接性"，是在思维活动的过程中，离不开相关媒介的参与及其作用的发挥，如个体知识和经验。"客观性和主观性的统一"体现在作为思维载体的人脑，在结构上是客观的，作为思维对象的事物，也是客观存在的，与此同时，作为思维主体的人，是有意识的，具有主观能动性，由此，可以看出思维是客观性与主观性的统一。

（二）物理思维

以思维的概念为依据，可以延伸出物理思维的概念。物理思维，即具有意识的人脑对客观物理事物（包括物理对象、物理过程、物理现象、物理事实等）的本质属性、内部规律性及物理事物间的联系和相互关系的间接的、概括的和能动的反映。

思维的一般过程，即提出问题→分析问题→解决问题；物理思维的过程，与之相似，从问题的提出到问题的解决，需要经过数据资料的收集、分析论证的过程。物理思维的形式，分为形象思维、抽象思维、直觉思维三种。形象思维的过程，需要借助具体的、可感可知的物理表象；而抽象思维，是与形象思维相对的，它是在认识客观事物本质的过程中，借助物理概念或推理为思维材料的；直觉思维指的是以具有整体功能和知识组块为思维材料而进行的思维。

综上所述，物理思维就是在认识和研究物理问题时，通过对物理现象的观察，在对物理事实和数据的分析、加工的基础上，进行改善优化，实现认识程度由感性上升到理性高度，实现对物理问题的本质认识。

（三）科学思维的内涵

思维反映的是事物本质和规律性联系。笔者结合物理学科的本质以及思维的结构等内容，对物理学科中科学思维的内涵进行如下分析。

1. 科学思维的目的

思维的目的在于分析问题并解决问题，而从思维的概念来看，思维是对客观事物的本质反映，那么，对于科学思维来说，对事物本质属性的反映，也是科学思维的价值所在。无论是事物本身的特性，还是事物变化发展的原因及规律，在科学中体现得最为明显的还是因果性。因此，我们认为，科学思维的目的就在于物理问题解决过程中，对于事物的特性和事物发展因果关系的探求。

2. 科学思维的内容

构成科学思维的物质载体是多样的，形成科学思维的材料既可以从直观的感性材料中获得，也可以从科学概念、原理、规律等理性材料中获取。思维材料和结果是构成科学思维内容的两个主要方面。"科学事实的特性、事物间的因果联系及规律"构成了科学思维的内容和结果。科学思维的材料可分为感性材料和理性材料，即外部事物及外部事物属性的内部表征；科学思维的结果呈现为科学知识，包括科学概念、科学规律、科学理论等。

科学思维就是运用相关的经验、材料或内容解决实际物理问题，从而获得对于科学事物特性及其发展变化的规律。科学思维的内容在个体成长中不断变化发展，由具体形象内容向概括抽象内容转化。科学概念是对科学事物的抽象，是科学知识的基本单元；科学理论是科学思维的最终结果。

3. 科学思维的过程

科学思维贯穿于科学的发展过程，并在其中起到重要作用，它包含了在观察、调查、实验、假设、推理等过程中的所有思维活动与技能。从科学的发展来看，科学思维主要遵循提出问题、搜寻事实、获取信息、立论解释等程序。其实，科学研究的过程就是提出问题和解决问题的过程。学生的科学思维可以通过他们在物理学科中的问题解决活动来实现。因此，我们可以通过分析物理问题解决的过程来体现科学思维的过程。

科学思维过程的阶段或要素有着不同的内涵，每个思维过程又对应一个主要的问题解决过程。但在学生运用科学思维解决物理问题时，这种一一对应的关系并不是绝对的，一个科学思维要素可能对应多个问题解决过程，一个问题解决过程也可能需要多种科学思维过程要素。

4. 科学思维的方法

思维内容体现了思维的材料和结果，思维方法体现于具体的思维过程之中。科学思维方法是指在科学认识过程或问题解决过程中进行科学思维活动的规则、途径、形式和手段的综合。科学思维方法有很多，一般具有跨学科的特征，例如比较与分类、分析与综合、类比与联想等。另外，有研究认为，科学思维是理论和证据的协调，包括清晰陈述一种理论的能力、理解支持或反对理论的证据的能力以及证明可以解释相同现象的几种理论中的一种合理性的能力。结合物理学科本质和物理学科理论的主要特征，我们认为分析与综合、抽象与概括、推理与论证是物理学科中重要的科学思维方法，并在问题解决过程中发挥重要作用。

二、学生物理科学思维能力的影响因素

（一）环境因素

1. 社会因素

随着教育改革的不断深入，以及素质教育的持续推进，尤其是核心素养的提出，科学思维能力的培养得到了极大的重视，但是在实际推广中还存在一些问题。从客观条件上来看，由于地区发展不平衡，造成科学思维能力的培养受到教育资源的制约，如个别地区师资匮乏，只能采取以讲为主的大班教学。在这种教学条件下，很难照顾到每一个学生的个性发展，也难以开展促进学生科学思维发展的教学活动。

2. 家庭因素

家庭教育是学生接受教育最早的形式，以致很多家长误认为学前主要以家庭教育为主，而进入学校之后，家庭教育便不再重要了，学校肩负着教育学生的重任。由此，家长便不再关注学生的学习情况。还有一部分家长，虽然有望子成龙的心，也希望参与孩子的教育，但往往心有余而力不足，一方面由于工作繁忙，无暇顾及；另一方面是能力所限，文化水平无法达到教育的要求。针对这种情况，在教育孩子方面，他们也只能是望洋兴叹了。还有一种情况，家长认为对孩子的教育，他们关注的是成绩，强调的是学生对知识的吸收和掌握，而忽略科学思维能力的培养。殊不知科学思维能力的形成，对于学生未来的成长成才是多么重要。

（二）教师因素

"百年大计，教育为本"，教育的发展离不开教师的作用，教师是人类灵魂塑造的工程师，是人类文明传播的使者；同时，也是教育改革和发展实践的主体。毋庸置疑，教师的教育观念与专业能力是影响教育质量的关键。"教师因素"简单来说就是"师徒式"的影响，教师的言行举止对学生的学习有着直接的影响。

1. 个人魅力

为人师表既是对教师专业素质的要求，同时也体现在教师的外在形象方面。一个举止优雅、博学多识、衣着得体，具有亲和力且讲课幽默风趣的教师，自然受到学生的爱戴，对学生有着极大的吸引力和感召力，学生上课的兴

趣也会更为浓厚。与此同时，师生间能够更有效地开展合作对话的教学方式。由此，可以认为具有良好个人魅力的教师，对学生科学思维的培养有着积极的促进作用。对于教师来说，其教学的风格是影响学生科学思维的关键。如果教师固执于传统的讲授式教学模式，学生更多地处于知识的被动接收，这对于学生科学思维的养成毫无益处；相反，如果教师积极改进教学方法，变知识的机械式传授为学生的主动探索，懂得"授人以渔"而非"授人以鱼"，让学生的思维能力得到更好的锻炼，那么，学生科学思维能力的提升指日可待。

2. 教学能力

教学能力是教师借助一定的教学资源、选择合适的教学方法及手段，从事教学活动、实现教学目标的能力。教学能力是多方面的，其中，教学设计与组织是最为核心的能力。任何学科的教学都需要教师掌握一定的技巧，以适应不同的教学目标、教学内容、教学方法手段、教材及学生等多种因素的变化。作为物理学科的教师，也应该具备综合把握各种因素，合理高效组织教学的能力。素质教育与新课改都注重学生的主体性，因此，教师要采取科学的教学策略，丰富教学模式。针对学生的特点及兴趣选择教学内容，设计教学方法，最大限度地贴近学生的生活，让学生在完成任务的过程中享受学习的乐趣。这就要求教师具有开发创新的教学理念，成为教学活动的组织者。

教学能力与教学目标的落实有着直接的联系。在基于科学思维能力的核心素养的教学中，教师只有围绕学生科学思维的发展，进行教学活动的设计与组织，才能对学生思维的发展产生积极的影响。对于教师来说，衡量其教学能力的关键，一是看其能否以学生为中心，以促进学生能力的发展为教学设计的前提；二是看其能否准确地把握教材知识体系；三是看其是否具备有效的组织教学的能力；四是看其是否具备教学评价的能力。教师只有在全面了解学生的基本情况及能力水平，把握知识内在联系，并能够合理组织教学设计，选择有效的教学方法和辅助手段，如概念图教学、论证式教学等，能够及时客观地对教学结果进行反思，才能保证学生科学思维能力培养的有效性。

（三）学生因素

学生是学习的主体，是教学活动的主要对象，可以说，没有学生这个承载体，教学活动就无法成立，因此学生是教育系统中不可或缺的基本要素。另外，辩证唯物主义观点强调内因是关键，学生科学思维能力的养成，关键在于学生自身。因此，学生是影响科学思维的重要因素。

1. 学生态度

教学活动是师生双方互动的过程，在这一过程中，教师是教学的组织者、引导者，而学生是学习的主体，所以，教学效果在很大程度上取决于学生。一般来说，学生对教师的态度，直接决定了他们对学习的态度。在传统的课堂教学中，教师与学生之间的地位是不平等的，一种情况是教师高高在上，学生畏惧教师，在这种教学氛围中，学生不敢质疑，久而久之，学生思维的能动性被削弱；另一种情况是教师毫无威信，学生不仅不惧怕教师，反而对教师所讲的内容不屑一顾，长此以往，教师的影响力也被弱化了，不利于学生对知识的学习。

现代教育理念下的师生关系应该是建立在平等基础上的师生互动交流的关系，只有在这样和谐的教学氛围中，才能达到最为理想的教学效果。在基于科学思维的核心素养的培养中，学生的态度是至关重要的，他们对科学思维的认可与否，以及重视的程度，直接影响了自身科学思维的水平。与此同时，如果学生在平时善于思考，具备一定的思维能力，那他在科学思维能力培养方面效果更为显著；反之，若学生只擅长记忆类的事物，在对其进行科学思维能力的培养时，就需要有针对性地为其提供逻辑性较强的问题，给予其更多的思维刺激。

2. 学生能力

学生是学习的主体，是科学思维能力的载体。学生科学思维能力的培养，要符合学生的实际。这其中，既包括学生的知识基础，也包括学生的认知能力。物理科学思维能力是运用物理知识，来解决具体的实际问题。因而，物理科学思维能力的提升需要建立在一定的学科知识的基础之上。知识储备越丰富、全面，运用科学思维解决实际问题的方法就会越灵活；反之，就会被问题所困，没有解决问题的清晰思路。

思维活动是人类所特有的，是人区别于其他动物的本质特征。对于人类来说，思维是人的智力结构的核心。我们通常形容一个人聪明，都会说他"思维敏捷"，由此可以认为，思维与智力息息相关。人的思维的发展是一个逐步完善的过程，具有阶段性。所以，对科学思维的培养，不能急功近利，而应该遵循循序渐进的原则，否则，不仅起不到好的效果，甚至还会适得其反。不仅如此，还应该坚持实事求是的原则，尊重学生的个体差异性，针对不同年龄或不同性别的学生，要综合其思维的特点及能力水平，进行个性化培养。

第二节　科学思维教育的意义及内容

一、科学思维教育

有学者从影响教育形态的根本因素出发，认为在生产力和生产方式的发展水平、人类认识能力的发展水平发生改变的情况下，教育形态应从所谓的信仰教育、知识教育走向思维教育，以科学思维的角度开展学校教育。现代教育要成为适应时代发展的教育，就必须改变将学生培养为单纯的拥有知识和方法的人，改变知识与思维非此即彼的教育观念，开展建立在知识、观念基础之上的思维训练，实施知识与思维相统一的教育实践。以培养科学思维为教育目的的教育与知识教育最大的不同在于，在知识教育里，思维能力只是教学过程中的附属产品，学生的思维能力发展被忽视或只能得到限制的发展。而在思维教育里，培养学生的思维能力作为师生之间开展教学活动的核心目标，知识储备只是为思维发展提供支撑，思维教育不排斥知识的学习，与此相反，思维的发展要建立在完整的知识储备上，并且思维教育以发展思维能力为核心。在思维教育中，知识储存是思维发展的基础并为发展思维能力服务，这是它区别于其他教育形态的重要原因。无论何种角度，思维教育都应是学校教育中不可或缺的重要组成部分，在学校开展思维教育不仅能够顺应时代发展的需要，而且思维教育高于"知识教育"，在培养学生道德层面也有着重要意义。思维教学不单单是对学生进行逻辑技能的培训，它是启发学生复杂心智运作的过程，兼具知识、技能、态度层面，三者相辅相成、缺一不可，是一种高层次思维能力的展现。在义务教育阶段，根据物理学课程标准的课程目标要求，学生要"养成科学思维的习惯"。要想达成这一目标，在物理学教学中，首先要让学生掌握必备的物理学知识，也包括物理学事实探索过程中所必需的其他学科知识，如化学、物理等跨学科知识的整合。

学生要对思维方法进行训练，基于思维方法的运用创设情境，开展丰富的教学活动，以训练学生思维，进而逐步养成科学思维的习惯。在体验性的学习活动中，学生以基础知识的积累、基本技能的训练来掌握解决问题的基本方法，通过整合内化为学习者的内在品质，在此过程中逐步形成相对内在的、稳定的问题思考方式，进而能具备探讨生命现象、阐释自然界客观规律，审视或辩证物理学社会议题的能力。学生在基础知识、基本技能掌握的基础上，获得解决问题的基本方法，而学科思维层次的发展又建立在学生问题解决的层面上，三者层层推进，物理学科的科学思维教育也要遵循这一发展规律。

二、科学思维教育的基本内容

要确保在物理课程实施过程中落实好科学思维的培育，就得搞清楚科学思维教育的基本内容，才能把握住科学思维教育的方向。

（一）科学思维的基本取向

《辞海》关于"思维"的解释是：思维指理性认识（思想）或指理性认识的过程（思考），是人脑对客观事物间接的和概括的反应，包括逻辑思维和形象思维。人的认知过程中的意识活动包括对外部刺激和信息的主观感受、选择和理解等多方面。也就是说，科学思维是有价值观的、有取向的，物理教学中应引导学生逐渐形成真正的科学思维，不能只是简单地让学生做一些思维训练。科学思维强调以实证为判断的依据、以逻辑做论证的手段、以质疑做评价的起点，这是科学思维有别于其他思维的特征之一，也是高中物理教学引导学生形成的科学思维价值取向。从科学史看，科学思维的发展是从伽利略的研究开始的，他独创了逻辑推理与实验相结合的方法，形成了以实验方法、逻辑方法和数学方法相结合为主要内容的近代科学思维。由于科学思维采用不同于其他思维形式的视角来看待世界，使得科学思维逐渐成为人们认识世界的重要方式。

（二）科学思维的基本要素

科学思维的基本要素也是科学思维区别于其他思维方式的基本特征。尽管人们对科学思维过程有不同的看法，但对于科学思维的基本要素大家还是有比较一致的认识的，主要包括：提出问题、建立模型、推理论证、质疑创新等。基本要素组成科学思维的基本框架，同时也是物理教学培育学生科学思维素养的重要抓手。物理课堂教学要紧紧围绕科学思维的基本要素才能开展真正意义的科学思维教育，否则很容易变为只戴科学思维的帽子或只单纯进行思维方法的训练。

（三）科学思维的基本方法

科学思维的基本方法是物理教学发展学生科学思维能力的具体内容。思维方法就是思维主体为达到思维目的，把相关概念和动作因素组合排列成为静态的或动态的具有先后次序、步骤、程序和可以运行的操作过程的总和。人们要想解决复杂的物理问题，必然需要采用各种方法，而这些方法的核心就是思维方法。

1. 类比的思维方法

类比是根据两个或者两类对象有一些相同的属性，从而推出它们之间的本质联系，得出科学的结论，是基于各种不同事物之间的相似性进行模拟比较、联想、推理的科学思维方法。在电学中，为使用电器正常工作，需让电流通过用电器以提供电能，让电器转化成其他所需要的能量。电流是否存在可以通过灯泡的发光证明。虽然电流确实存在于导线中，但由于看不见、摸不到，学生不易理解，那么可以用水流来类比，相似之处在于要产生水流必然要让水定向流动起来，要定向移动需要有一个水位差（电压），水位差的形成可以用抽水机将水克服其自身重力而被抬高，从而具有水压。在水压的作用下，此时要把水管（导线）上的阀门（开关）打开，那么水流自然形成，水流经过涡轮机（用电器）带动其工作。这股水流的大小应该是单位时间内通过水管横截面上的水量的多少，这又与电流的大小类同，电流大小研究的是单位时间内通过导体横截面上的电荷量。

2. 控制变量的思维方法

控制变量的思维方法是初中物理中进行科学研究的一种重要的思想方法，是把一个多因素影响物理量的大小问题通过固定其中的某几个因素，转化为多个单因素分别影响该物理量的方法。初中物理课程中，研究物体的动能与什么因素有关的实验中，要确定速度变化与动能变化的关系，必须先控制质量不变。同理，要确定质量变化与动能变化的关系，必须先控制速度不变。实验第一步研究动能与速度的关系，钢球通过从不同高度滚下，改变了钢球滚到斜面底端的速度大小，根据木块被推得远近，就能明确动能与速度的关系。在研究电流与电压和电阻的关系，控制定值电阻的阻值不变，改变定值电阻两端的电压，观察电流的变化，与此同时还要保证同一电压下更换电阻，记录电流的改变趋势；探究压强的影响因素是：压力、受力面积；滑动摩擦力与粗糙程度、压力、运动快慢、受力面积等关系都是通过控制变量总结出来的。

第三节　物理科学思维培养的实施策略及实践

一、物理科学思维培养策略

教学策略是在教学过程中，为保证教学的顺利进行和任务的圆满完成而采取的教学方法。教学策略，属于教学设计的范畴，它不是单独存在的，而是伴随教学设计的产生而不断完善的。针对物理科学思维培养中存在的问题，笔者提出了以下策略。

（一）转变教学观念，提高培养学生科学思维素养意识

从根本上来说，教学理念的完善决定着教师专业水平和课堂教学质量，是教师课堂授课方式和途径的具体体现。尤其是基于核心素养的物理科学思维的培养，由于其提出的时间太短，有些教师没有对此产生兴趣，自然也就没有形成科学核心素养的意识。导致在课堂上仍然以传统的教学模式为主，忽略以学生为中心开展教学活动，重视知识的机械灌输，忽视学生的思维过程，也无视知识背后蕴藏的能力与素养。教师如果没有这方面的意识，物理核心素养的培养就无从谈起。

基于核心素养的物理教学，不是简单的知识的传授、概念的理解或规律的掌握，而所要培养的是对于知识形成过程的探究，对概念与规律背后所蕴含的方法、思想及思维的价值的探索。学生物理科学思维素养的培养，主要是在课堂教学过程中形成的，故而核心素养培养的有效性对教师教学观念的转变有着最为直接的影响。教师的教学观念决定了是否进行科学思维素养培养，以及培养能够达到的程度。所以，要想达到科学思维素养的理想状态，教师必须首先树立科学素养意识，才能将其贯穿教学的始终。

教师在促进学生物理科学思维的有效性方面发挥着重要作用，教师不仅要

正确认识核心素养的价值，具备物理科学思维的意识，还要善于将这种意识贯穿于教学活动，将核心素养融入学科目标和教学目标。在进行教学设计时，要有明确的目标，并掌握一定的教学技巧。一般来说，可由教学的最终目的，反推教学活动，推至学生的已有知识和经验，以预期的结果作为起点设计教学活动。作为教师，要纵览全局，立足于学科实际，对学科功能、内容，尤其是知识的整体结构，要有清晰的认知，然后基于物理学的方法、思想、思维等建立物理概念、规律的图式。进而通过对知识结构的梳理，引导学生进行思考与分析，逐步完成知识的主动建构。在这个过程中，教学活动应该始终围绕学生的思维发展进行，教师的作用在于对学生的思维进行引导。学生在思考与分析的过程中，对知识的体验会更加深刻，因而掌握得也会更牢固。更重要的是学生的思维能力得到了充分的锻炼。

（二）提高教师素养能力，提高培养学生科学思维素养能力

教师要树立"以人为本"的教育发展观，注重培养全面、和谐发展的人。对学生核心素养的培养，其所追寻的目的或结果是人之所以为"人"的外在行为方式以及内在的品德价值。故而，教师首先要做到内外兼修，不仅强调自身职业素养的培养，也要强调行为习惯的养成。提高教师素养就是要以教师心理素质的内化为重点，包括情感、态度、价值、信念等，这些彰显教师精神文化的心理素质不是简单的日常说教就能养成的，更多的要依赖教师在长期的教育教学实践中，不断反思、学习、觉醒与感悟来形成。因此，内外兼修的有机结合，才能保证教师素养的不断提高。

从当前物理教师的构成来说，一方面是刚入职的教师，他们的思想观念较之传统的教师更为开放，也很少受传统教育模式的束缚。他们中的大多数都是在素质教育背景下成长起来的，因而对于核心素养有一定的了解，也有着与时俱进的态度，乐意接受核心素养理念的学习，也尝试着将这一理念融入教学之中，但是在具体的教学实践中，往往缺乏一定的经验，不能够很好地将学科内容与核心素养有机地结合起来。针对这种情况，向前辈学习，吸取教学经验是很好的途径。然后通过自身所具备的教学智慧，找到学科内容与核心素养的结合点，进行科学的教学设计，培养学生的科学思维能力。另一方面是经验丰富的老教师。虽然教育改革的思想与理念，对他们产生了一定的影响，但由于传统教育理念的深远影响，他们观念的转变并不如新晋教师积极主动，即使意识到转变教育理念的重要性，但实现起来有一定的困难，接受新理念以及新事物的能力相对较弱。对于这类教师，就需要采取有针对性的措施，比如调研，多开展教学交流与讨论，强化核心素养培养的理念，引导其思想的逐步转换，推进学生核心素养培养的落实。

（三）加强课堂思维训练

课堂教学是学校教育的重要组织形式，教师在进行课堂教学设计时，要综合考虑，而不能仅仅满足于应付考试的知识点的机械式传授和讲解。教师要充分利用课堂教学的机会，对学生进行思维的锻炼，故而，在教学设计中，可侧重于思维训练的模块。

思维活动对于人的意识的发展和行为都有一定的指导作用。从古至今，人们都重视思维的作用。"学而不思则罔"，思维对于人的学习是至关重要的。因而，物理教师要强化在教学中对学生的引导，为学生创造思考的机会。只有主动思考问题，才能够积极融入课堂活动。

在课堂上，学生的思维若过于活跃，或是天马行空，缺乏教学经验的教师，有时候很难控制住教学的场面，使得课堂一片混乱，从而导致教学偏离方向。在一些人的眼中，过于活跃的课堂，会让人觉得是教育浮躁、浮夸的倾向，这是一种片面的看法。笔者认为，能够做到课堂活跃，学生参与性一般都会较高，这正是教育回归本质的一种表现，尤其是对思维能力要求极高的探究性学科，如物理，只有充分调动学生思维的开阔性，才能够实现探究学习的效果。而如何保持课堂的活跃而又不至于沦为课堂秩序的失控呢？这就对教师的能力提出了较高的要求。

在课堂教学中，教师要将物理科学思维贯穿于教学过程的每个环节，尤其是要在教学设计中渗透科学思维。在内容的选择与设置上，要能够极大限度地激发学生的好奇心，促使其自觉地进行思维的探索，激发思维的潜力，通过开展高效的思维活动，促使学生高阶思维的形成。与此同时，锻炼学生运用思维解决实际问题的能力。

从物理学科的性质来看，物理学是一门科学性较强的学科。实验是物理学科的基础，实验也是检验科学性的前提，对于学生来说，实验确实能够激发学生物理学习的好奇心和兴趣，但这是远远不够的。实验虽然对于物理教学具有一定的优势和促进作用，但从实际教学情况来看，物理中的很多实验，与生产生活之间的联系是模糊的，这就需要在课堂教学中，尤其是在课堂设计内容上，尽可能多地通过生活现象或实际等进行适当的引导，便于学生建立物理实验与生活的思维图式，在思维的作用下，深化对实验的认识。此外，课堂思维训练的主体是学生，由于学生存在个体差异性，这就要求教师充分考虑学生能力及实际情况，充分照顾不同能力层次水平的学生，进行提优、强化以及补弱，始终围绕学生，培养其个性化。

（四）情境创设，开启学生科学思维兴趣

课堂教学的起点在于新课的导入。导入对教学效果有着直接的影响。导入效果的好与坏，有时候直接决定了教学的成败。成功的新课导入，不仅能够吸引学生的注意力，有效激发其兴趣，调动其参与课堂的积极性，而且能够对知识内容起到温故知新的作用。对导入方法的研究，也成为人们关注的焦点。当前，笔者结合物理教学的特点，归纳出以下几点主要的导入方法。

一是与物理学科相结合，基于物理学科突出实验的特点进行课堂导入。一般可利用精彩的演示实验，达到激发学生好奇心，并吸引学生注意力的目的。初中学生，大都思维活跃，对一切新鲜事物都充满着好奇，演示实验具体可感，能够很好地满足其好奇心。学生通过实验演示，可以很快融入课堂氛围，自主地进行问题探究。这对于培养学生的科学思维有着积极的作用。

二是在全面把握学科内容的基础上，针对初中物理侧重于物理现象和规律的认知，尤其是与生活联系相关的特点，可进行生活化的教学导入，即列举生活现象或实例。这样，既能够让学生意识到物理的本质及其与生活的关系，又可以培养学生"物理知识来源于生活，用于生活"的意识，提高学生运用物理知识和思维解决实际问题的能力。还能够锻炼学生的观察能力。这也是物理素养的一种要求。

三是信息时代的发展，为学习创造了便利条件，各种模拟场景应有尽有，教师要充分利用科技手段，利用多媒体为学生提供大量的教学资源，创设真实的实验情境。由此，可以利用图片或实物进行导入，图片具有直观性、生动性、趣味性等特点，利用图片导入新课，可以迅速吸引学生的注意力，调动学生的学习积极性，从而增强课堂教学效果。此外，还可以将音频、视频插入课件中，尤其是学生感兴趣的内容，更能够激发学生的学习兴趣。这需要教师充分了解学生的兴趣和需求。同时，选择音频、视频导入，让学生在听与看中，锻炼其观察及思考能力，引导其发现问题，这更有助于学生科学思维能力的培养。如果问题的难度较大，学生无法独立解决，教师可鼓励学生相互探讨，给予适时指导，或是创设问题情境，引导学生逐步进行问题的解答。

基于问题情境的创设，需要视具体问题而采取不同的方法。教师可以在全面了解学生认知状况即规律的基础上，创设反面情境。这样不仅更能够激发学生的兴趣与求知欲，而且能够让学生对正确的认知形成深刻的印象。比如对浮力产生条件的认识。由水中漂浮的物体会产生浮力，引导学生思考水中的桥是否同样存在浮力。鼓励学生根据所学知识及生活经验，进行大胆猜想。由此，让学生摆脱了固有的解决问题的模式，由问题出发转为逆向逻辑思维，探讨问题的解决。

虽然问题情境的创设，可以选择运用前概念的矛盾冲突的方法，但是这种方法在引发学生思考的同时，也容易造成学生对知识理解的模糊性，甚至加重学生思维的混乱。所以，矛盾冲突式的问题情境的创设应慎重选择。取而代之的是利用知识的逻辑性创设问题情境。这是一种较为常见的方法，也可称之为温故知新法。学生在这种方法所创设的问题情境中，既巩固了已有知识，同时也具备了解决同类问题的能力。通常，在遇到类似问题时，教师要善于引导，鼓励学生通过思考，创设相应的问题情境，进行自主探究，从而养成独立思考的习惯，获得解决问题的方法。在这一过程中，学生能够获得成就感，心理需求得到满足，学习的动力被激发，对问题的思考和探究意识不断强化，科学思维能力自然能够得以提升。

（五）合理设计实验探究，提高学生思维参与度

伴随课程标准改革的不断深化，初中物理教学发生了很大的变化，尤其是强化了探究实验课程的比重。对于大多数教师来说，他们已然接受并适应了新课改的要求，在教学中加大了对学生探究实验的引导。然而，还有极少部分教师，仍未对实验课程给予足够的重视，抑或是由于教学条件所限，或其他原因，无法将探究实验教学落到实处。即使进行了探究实验，效果也不明显。针对这种情况，首先要让教师明白实验对于物理学科的重要性。物理是一门以实验为基础的学科，实验应作为物理教学的重要组成部分。更何况实验对于学生思维能力的培养有着最为深刻的影响。更为重要的是，"纸上得来终觉浅，绝知此事要躬行"，这就意味着只有亲身体验，才能够获得对知识的深刻认知以及能力的锻炼。

通过科学的实验探究，让学生从物理实际问题出发，在对现象的观察与分析、思考中，寻得解决问题的办法，进而在合作与交流中，归纳总结出结论，并反思结论的正确与否，将其用于指导实践，最终实现能力的提升。在这一过程中，不仅锻炼了学生的科学思维能力，同时也培养了学生科学的态度和责任。

实验探究的形式是多样的，一些教师出于教学任务繁重而课时有限的考虑，会选择在课堂上进行探究实验的演示，这种实验方式，学生的参与度是有限的，大部分学生都没有机会参与其中，更不能切身体验实验探究的过程。此外，以演示为主的探究实验，在短时间内确实能够吸引学生的兴趣，这一点毋庸置疑，因为学生对新鲜事物总是充满着好奇。但是从长时间来看，参与实验的学生乐在其中，而无法参与实验的学生，观察已不能满足其好奇心，故而对实验的兴趣开始消退，注意力便会下降。基于此，要想提高探究实验的有效性，就要采取多种组织形式，丰富演示实验的方式。

一是视频录制。随着教育技术的不断发展，多媒体已成为现代教学的重要手段。物理是以实验为基础的学科，但实验并非都是简单易操作的，针对这种情况，教师可以利用多媒体技术，通过录制视频，来弥补无法完成实验操作的遗憾。通过这种方式，让全体学生参与并观察实验全过程。这种新颖的教学手段，自然能够调动学生的积极性。

二是分组实验。分组实验是教学中常见的一种实验形式，其优势在于能够实现资源的优化配置。学生以小组为单位，进行探究实验的操作，不仅能满足学生的实验需求，提高学生实验的参与度，而且为学生间的合作交流创造了条件，有助于学生合作意识的培养。分组的形式也可以是多样化的，在人数分配、任务安排等方面，可根据实验内容及条件适当调整。需要注意的是，教师对实验分组的安排，要基于对学生的全面了解，以促进学生能力的发展为依据。

三是个人实验。个人实验的实现，离不开学校硬件设施的完善，主要是学校具备专门的实验环境场所。基于同前两种实验形式的比较，很多教师都会认为学生个人实验耗时较多。然而实践表明，只要设计得当，实验所需时间是可以控制在有效范围内的，从某种程度上来说，个人实验的时效性不会低于前两种实验形式。且个人实验能够很好地培养学生的科学思维能力，因为，从问题的提出到实验的探究，到数据的收集与分析，再到结论的提出，乃至最后的反思总结，学生参与了实验的整个过程，也只有亲身经历科学探究的过程，才能深刻地掌握知识、提升能力。

（六）改变物理学科教学评价模式，体现学生思维能力

评价，是了解教学效果的重要途径。通过评价，能了解教师的教学水平，了解教学是否沿着他们的预期而顺利开展，如果评价的结果与其预期相符，则证明教学效果较好；反之，就需要分析原因，调整计划，以期教育质量的提升。对于教师而言，通过评价能够了解学生学的情况，进而反思教学方法，总结教学经验，以期更好地完成下一阶段的教学任务。

然而，长期以来，成绩的高低，一直是人们进行教学评价的标准。这种"唯分数论"的教学评价模式，对于人才的评判是不全面，甚至也是不准确的。这与强化学生核心素养的教学目标是背道而驰的。由此，就需要改变物理学科教学评价模式，构建与核心素养目标的培养相适应的评价体系。在关注知识能力掌握情况的同时，更应该强化学生的综合素养，尤其应侧重于基于核心素养的能力方面的评价，不断丰富评价的手段和方式，而不能只是通过测试的方式进行评价。对于评价模式的形式来说，不仅可以是基于知识的考量，检查学生对知识的掌握程度，还可以将考评延伸至对知识运用的能力方面，尤其是对于实验性较强的物理学科，对学生实验操作等多方面的评价，也不失为一种行之有效的教学评价。

（七）课堂内外结合，培养学生的自主意识

物理是一门理论与实验并重的学科。基于物理科学思维的培养，理应贯穿物理教学的全过程。即便如此，对科学思维的培养，还应该延续至课外，促使学生无时无刻不受到科学思维的熏陶。

一是在课堂教学环节。这是学校教育最普遍，也是最主要的形式，对于学生来说，大部分知识的习得，都是在课堂教学过程中获得的。所以，课堂教学的形式，也理应成为培养学生物理科学思维的主阵地。对于物理教学来说，教师是物理教学的组织者和引导者，要想在物理教学中融入科学思维的培养，不仅需要具备专业的职业素养，准确把握教材内容，梳理学科内容中所蕴含的科学思维，合理地分配各个教学环节，使物理科学思维在教学的各个环节得到充分体现，而且更重要的是要做到从学生的主体性出发，充分了解学生的特点及

需要，从而有针对性地设计教学活动，引导学生自觉主动地参与教学活动，自主地进行科学思维习惯的养成。二是课外的培养。课外是教学的拓展和延伸，能够对课堂教学起到很好的补充作用。教师应该抓住课外对学生思维锻炼的机会，选择既能够满足学生好奇心，又能调动学生兴趣且操作性较强的课题，鼓励学生自主完成。

二、以《初识家用电器和电路》为例的教学实践

《初识家用电器和电路》这一章节选自苏教版物理教材九年级下册第十三章第一节。本节内容是电学部分的起始章节，是学生认识电学的开始，引领学生走进电的世界，认识电对人类的贡献。本节课属于活动探究课，主要目的是让学生在活动探究的过程中，掌握家用电器和电路的相关概念，通过活动探究，加深学生对相关知识的理解与掌握，因此，笔者选择此节内容作为培养学生科学思维素养的教学设计案例。具体教学设计如下。

《初识家用电器和电路》教学设计

（一）教学目标

（1）通过动手实验，知道电路的组成及各组成部分的作用；

（2）在实验探究中掌握什么是电路的通路、开路、短路及其危害；

（3）通过对电路连接情况的交流讨论，总结出电路连接的条件。

（二）重点难点

重点：学会连接简单电路，理解电路各组成部分作用。难点：理解和区分电路的三种状态。

（三）教学准备

教具准备：电动飞行器、家用电器模型、小灯泡、导线、开关、电池等。

（四）教学过程

1.教师活动

（1）新课引入：

观看一段视频：晚上回家之后，开灯，洗澡、洗衣服……熄灯。（学生观察这一段中出现了哪些家用电器）

（2）演示飞行器，提问：为什么飞行器能飞？猜猜飞行器里面有什么？

（学生回答：有电）

（3）列举部分家用电器模型，让学生分组研究、拆解、观察。（学生回答里面都有电源、用电器、开关、导线）

（4）补充提问：家用电器的作用是什么？他们利用电能之后都转化成什么形式的能量了？（电灯：电能—光能、内能；电饭锅：电能—内能；音响：电能—声能；电动机：电能—动能）

设计说明：

其一，通过有趣的小实验引入课题，吸引学生的兴趣，并及时提问，激发学生思考。其二，学生自行动手探究，总结出电路的基本结构。其三，引导学生建立家用电器中能量转化的概念。

核心素养培养：通过学生动手动脑的过程，培养学生生活实际与理论知识之间的转化能力。

2. 学生活动一

（1）根据刚才的拆解结果，尝试利用已有工具让小灯泡发光。（学生分组讨论，连接电路）

（2）过程交流：在连接的过程中，遇到了哪些麻烦，如何解决？（学生讨论为什么电路连接好之后小灯泡不能正常发光，并进行改进）

（3）展示部分电路（有对有错）。（一起对这些电路进行分析）

（4）无开关的图，提问：电路需要开关吗？（需要）

（5）如果没有开关会产生什么后果？（不能关闭，浪费电）

（6）开关有什么作用？（控制电路通断）

（7）用导线直接连接正负极：会出现什么样的现象？强调：短路危险！（电池发烫）

总结：通路、断路、短路

（8）分析刚才所出现的问题，总结连接电路时要注意的问题。（学生交流讨论）

（9）各小组展示最终连接成果。

设计说明：

其一，将课堂交给学生，利用学生已有知识，进行实际问题的讨论探究。其二，对具体问题进行分析，在交流讨论中激发思维活力，努力解决问题。其三，针对学生出现的问题，通过引导的方式，让学生自己分析问题原因，进而总结出开关的作用。其四，针对具体问题分析原因，在交流讨论的过程中碰撞思维，进而得出正确的结论，完成理论知识的建构。其五，让学生成为课堂的主人，激发学生的参与兴趣，刺激学生的思维活动，强化学生对所学知识的记忆理解。

核心素养培养：

其一，利用实验探究这一载体，培养学生在具体的问题探究中的思维能力。其二，设置串问，培养学生主动探究的意识，激发学生的思维活力。其三，通过实际事例强调重点知识，培养学生的科学态度与责任。其四，将课堂交由学生自行讨论，留出空白，培养学生主动探究的能力与分析推理的思维。

3. 学生活动二

（1）交流讨论电路中各组成部分的作用。（电源：提供电能的装置；用电器：将电能转化成其他形式的能的装置；开关：控制电路的通断；导线：电流的路径）

（2）学生学习书本第64页电路图，并将刚才自己所连接的电路画成电路图。（学生自己画小灯泡的电路图）

（3）将各小组的电路图集中展示，大家一起分析，发现其中问题并予以改正。（学生交流讨论，找出问题，分析问题原因，提出修改方案，教师总结）

设计说明：

其一，本节课的重点就在于电路的连接与电路中各部分的作用，学生通过亲自动手动脑完成探究过程，自己总结，得出结论。其二，让学生在交流的过程中展开思维活动，发现问题，分析并改正错误，完成知识的正确建构。

核心素养培养：

其一，在实验探究这一载体中培养了学生的科学推理与科学论证的思维能力。其二，通过课堂留白的策略，让学生在交流讨论中培养科学推理与论证以及质疑创新的能力。

（五）教学评价

对《初识家用电器和电路》教学设计的总结与评价：本节课作为学生电学知识的起点，在新课引入部分，首先通过学生对于真实的生活片段的观察，为接下来家用电器的工作原理打下基础。再通过小飞行器，向学生提问为什么会飞，引导学生思考，让学生积极参与课堂活动，并通过拆解这些小电器，学生在参与的同时，能够将生活中的具体现象转化为物理问题，转化为电路的结构，进行积极的思考。最终，学生根据自己的探究结果，分析总结出电路的基本结构，完成对所学知识的主动建构。接下来让学生自己动手连接电路，使小灯泡发光。学生利用刚才对小电器的拆解所得到的经验，进行科学思维的活动，转化为自己的能力，连接电路使小灯泡发光。

其间，教师引导学生对于出现的问题进行交流分析，让学生发现原因，进行合理的分析论证，从而解决问题。通过学生自身对电路的探究，总结出电路中各个基本结构的作用，并总结出连接电路时应注意的问题，将理论知识与具体问题联系起来，培养学生利用科学思维解决实际问题的能力。之后，在电路图相关教学中，运用了课堂留白的教学方法，将思维活动的过程交给学生，让学生在交流的过程中，展开思维活动，发现问题，分析并改正错误，进一步激发学生的积极性，提高学生的学习兴趣。最后通过教师总结，完成知识的建构过程。

按照此教学设计，学生的课堂参与度较高，思维一直在跟着教师的引导活动，通过亲自参与动手探究的活动过程，进一步体会所学知识，并在随后对探究过程进行分析论证，发现问题，解决问题，并通过交流讨论产生思维的碰撞，在接受他人质疑的过程中培养了科学推理与论证的能力，使学生的科学思维能力得到较好的培养。

第七章

基于核心素养的科学探究教学

第一节　科学探究及探究式教与学

一、探究式教学的特点和类型

对探究式教学的特点和类型进行必要的研究与分析，有利于我们更加准确和深刻地把握其本质，从而设计出更加符合教学需求的探究式教学活动，选择更为合适的教学策略来推动学生探究能力的提升与发展。

（一）科学探究的界定

所有的科学探究活动都是在一定的假设指导下进行的，并且具有非常丰富的内涵。其可以是在科学领域之中开展的探究活动，如科学家针对自然界的变化发展提出一些问题，然后针对问题进行深入分析与寻找答案的过程；此外，学生在科学课堂教学活动中开展的探究活动也属于科学探究，如学生在获取科学知识的时候树立起来的思想观念，学习和掌握科学家研究活动中使用的方法手段而开展的各种活动等也是科学探究的重要内容。施瓦布指出，所谓探究学习，其实就是学生积极主动地参与到知识获取的过程之中，学习和掌握探究自然必备的能力，形成科学概念这一认知自然基础，从而形成对未知世界进行探索和感知的积极态度。科学探究形式具有多样性，要素主要涉及提出问题、假设猜想、制订计划、设计实验、进行实验和收集证据、分析论证以及评估交流等诸多方面。

对于学生群体来说，其开展的科学探究活动可能会涉及上述全部要素，也可能只会涵盖其中部分要素。从上述对科学探究的论述来看，其本质就是在课堂教学活动中引入科学领域的探究环节和手段，让学生模仿科学家对相关知识进行自主探究，从中更加深刻地理解与把握相关概念与本质，从而培养和提升学生的科学探究能力。

（二）探究式教学的特点

探究式教学是现代教育变革和发展的过程中，对传统教学手段的优势进行借鉴，并融合现代化教学手段的长处形成并得以发展的，是一种现代化教学模式。和其他教学模式相比，探究式教学模式有如下特征。

1. 探究是一种能动的过程

探究式教学将学生置于中心位置，注重学生主体作用的发挥，归根结底，是学生在课堂教学活动中开展科学探究活动，强调使学生亲身参与到知识形成与发展的过程中。探究式教学强调学生自觉主动地投入学习活动中并获得发展，强调通过探究学习完成预先设定的教学任务和目标，在探究式课堂教学活动中，教师单方面地向学生灌输知识不再是重点，其更多地扮演学生学习活动的引导者和辅导者角色。从这一角度来看，探究式教学和传统的灌输式教学是有着本质区别的。

2. 探究是一种有多侧面的活动

通俗来讲，所谓探究，就是人们对未知事物和领域进行探索，从而获得正确认知和深入了解的手段与方法，也是学生丰富自身知识储备、增长见识、拓宽视野的一种重要学习模式。在课堂教学活动中，学生进行科学探究的时候会涉及诸多方面的内容，例如，学生需要对探究对象进行全面和深入的观察，从而发现并提出问题；需要充分利用自己已经掌握的知识内容对问题进行深入思考和推测，并提出自己的假设和观点；需要查阅各方面的相关信息和资料，以此为基础来推断和验证自己提出的观点与假设；需要结合主要的教学内容和教学目标设计适当的实验方案，并从中找出变量，对其进行控制和实验；需要收集、整理和分析实验活动中获得的数据，并利用逻辑和证据等得出答案或者进行更为深入的解释；需要通过各种图表交流获得科学结论，并对不同观点或者批评意见做出恰当的反应。

由此可见，科学探究作为一项多侧面的活动是毋庸置疑的。但是需要特别指出一点，即活动虽然是探究开展的依托载体和实施渠道，但是二者之间的区别也是非常明显的。从上述对于科学探究活动内容的具体介绍来看，发现和提出问题是科学探究的主要切入点与出发点，而问题又是从学生的动机与对未知事物的好奇心中出现的，如此一来，课堂活动中学生的探究行为就涉及疑惑、自主意识、方法论以及反思等诸多要素。活动是指学习者对学习对象的内部操作，其含义是"对这些对象所采取的行动，而不是这些对象本身"。

3. 探究旨在获取知识和认识世界

引导学生正确认识和理解自然是科学教育的宗旨。在科学教学和学习过程中，之所以要将探究作为其中的核心，一个非常重要的原因就是探究是学生获取科学知识和掌握相关技能非常重要且行之有效的手段。开展科学教育的一个重要目的就是让学生学习和掌握一定的科学知识。究其原因，科学概念是组成知识的单元，能够推动人们的思维发展，是人们正确认识和理解自然的重要基础与依托条件。因此，学生想要丰富自己的知识结构、增长自己的见识和提升自己的能力，就必须掌握足够的科学概念。

在学习和掌握科学概念的时候，一般是符合初级—中级—高级—抽象这一认识层级递进的，最终会在学习者大脑中形成一个完整的概念体系。对于初中学生群体来说，其正好处于形象思维向抽象思维转变的一个特殊时期，在学习和掌握科学概念的时候主要是从其形成与同化两个方面进行的，然后再将之进行实际应用，从而使之得以巩固与扩展。教学实践证明，探究学习要求学生在新的问题情境中应用自己已经掌握的概念，在此基础之上通过概念形成来获取新的概念。因此，从一定意义上来说，探究学习更加符合学生的学习与思维活动规律，是学生进行科学概念学习和掌握的一种行之有效的手段，尤其是对于较为复杂和抽象的内容与概念，利用探究学习往往能够收获更好的效果。

4. 探究要求师生都以学习者的身份参与教学过程

和传统灌输式教学活动不同，探究式教学将学生作为主体，要求充分发挥学生的主体作用。也就是说，在探究教学中，学生的探究态度是否积极主动、探究热情是否能够始终保持在一个高水平、在对新领域或者未知事物进行探究的时候是否能够主动参与其中，都会直接影响到最终效果和预期目标的完成度。但是，在教育活动中，教师同样是核心部分，因此在探究式教学活动中教师也应该处于主导地位，要能够为学生创设科学合理且协调的探究环境，以学习者的身份和学生共同参与其中，实现教学相长。

（三）探究式教学的类型

前面内容已经对课堂活动中的探究教学过程与阶段进行了论述，此处不再赘述。而在各个阶段之中，教师的主要工作都是引导和鼓励学生积极主动地投入科学探究活动中，从而使探究活动顺利开展和发展。在教学实践中，教师和学生的作用程度不同，则学生进行自主探究的程度也会存在差异，依据探究在学习经验之中所占的不同比例，可以将学生的探究活动分为部分探究与完全探究两种。

1. 部分探究

在部分探究中，学生开展的各种活动都是在教师大量指导和辅助下进行与完成的，如教师将具体的事例或者教学程序提供给学生，让学生据此进行自主探究去获得答案；或者将需要学习和掌握的原理或者概念提供给学生，让学生自己去寻找和发现其与具体事例之间的联系。在部分探究中，教师虽然会给予学生较多帮助，但是具体观察分析数据、提出假设和进行推理论断以及得出最终结论的时候，教师应该引导学生而不是直接将结论灌输给学生。也就是说，在开展部分探究式教学的时候，教师并不是直接对学生进行教育，而是充分尊重学生的主体地位，以其自身的判断和创见为基础，引导学生自主探索和寻找解决问题的途径。对于学生而言，教师在部分探究中并没有直接给其铺设一条直达答案的通道，因此其自己必须充分发挥自己的能动性，尽最大可能去解决问题。

一般来说，学生刚开始参与探究活动的时候，由于缺乏经验，通常都需要教师为其提供必要的指导意见，这个时候采取部分探究比较合适。至于在教学活动中为学生提供多少帮助较为合适并没有一个统一标准，需要教师依据预设的教学任务和具体的教学内容确定。总体而言，为学生提供指导的时候应该确保学生可以在此基础上成功完成探究活动，以避免学生遭遇较大挫折而导致信心崩溃。此外，教师在给学生提供帮助与指导的时候，如果条件允许，应尽可能地通过提问的方式进行，如此可以推动学生对可能的调查研究程序进行主动思考。也就是说，教师在向学生进行提问的时候应该注重问题的导向性，而不是直接告诉学生如何去做。只有在适当的时候向学生提出适当的问题，学生参与探究的积极性和兴趣才能够被激发出来，从而推动探究活动的成功。

2. 完全探究

在进行部分探究学习之后，学生通常就会掌握一定的知识，具备一定的探究能力，在这一基础之上，教师就可以引导学生进行完全探究。所谓完全探究，简单来说，就是学生自主完成探究活动，在探究过程中，教师几乎不会给予学生指导和帮助。探究活动的整个流程，从提出问题、明确探究对象开始，一直到得出最终结论，都需要学生自主完成。概括来讲，就是学生自己提出问题，然后针对问题开展探究活动，自主解决问题。

在完全探究的整个过程之中，教师主要扮演组织者角色，主要作用就是提供给学生其所需的资料。从这一方面来看，完全探究和部分探究是存在很大区别的。相较于部分探究来说，完全探究需要学生具备更高的综合素质，也为学生证明自己、充分发挥自身作用和价值提供了更好的机会。因此，学生在通过部分探究掌握一定的解决问题的知识和技能之后，教师就应该引导和鼓励学生进行完全探究。

从水平视角来看，对于探究活动而言，部分探究应该属于初级阶段，而完全探究应该属于高级阶段，二者相互联系，呈递进程序。部分探究是开展和实施完全探究的基础条件，可以说，不经过部分探究，完全探究就无从谈起，从更大的角度来说，如果缺少学生时代的部分探究，那么就没有未来科学家对未知事物和领域开展的完全探究。完全探究是作为部分探究的延伸与拓展而存在的，同样是其归宿和最终要达到的目标。在部分探究到完全探究的发展过程中，教师的作用是呈逐渐递减的趋势，学生的独立性和探究能力呈逐渐增强的趋势。因此，对于初中学生而言，其进行的探究性学习严格意义上来说就是不断向前发展的过程，是部分探究不断向完全探究进步和发展的过程。

二、探究性学习策略的选择与提升

（一）探究性学习策略的选择

1. 教师将教学的目标和任务作为重要根据

教学策略需要有所区别并完善不同的教学目标和教学任务。反之，教学目标的不同将影响教学策略的变化。教学目标定位过低或过高，都会导致教学实用时间质量差的情况。教师如果把目标定得太低，对优等生而言，会出现教学实用时间质量差的情况；如果把目标定得较高，对基础薄弱的学生而言，无法有效地进行探究性学习。

2. 实际情形是学生的具体反映

认知程度、应用水平等多个角度是教学策略对于考量学生的重点方面，与此同时，还需要考查学生对某种策略的反应能力，使学生产生浓厚的学习兴趣。

3. 根据教师自身情况

教学策略要想达到一定的理想情况，最为重要的行为主体是教师，这要求教师在有关教学策略方面的规划和操作过程中，要全面衡量自身的情况，包括能力、性格等，充分了解自己的优势与劣势所在，从而通过制订合理的方案，将优势最大化的同时将劣势最小化。

4. 根据具体适用对象

教学策略所能达到的效果并不能一概而论，一般来说每一种教学策略均有其自身的特点，也就意味着有其自身所适用的范围，处于其适用范围之内，则也许能够使其优势得到充分发挥，反之将会暴露其劣势，从而影响整体效果。因此在进行选择时要充分考虑其适用对象。

（二）探究性学习策略提升的运用

教师在教学过程中应该以这一要素为准则，挖掘和引导其好奇心，从而激发其主动学习的欲望。通过丰富多样的授课形式以及活泼热情的授课态度激发学生的兴趣。因此，探究性学习策略的运用具体包括以下内容。

（1）教师要全面了解学生情况，因材施教，将其个人情况作为教学方案制订的根本出发点，以经营者服务客户的态度来服务学生。

（2）教师进行教学主体的适当角色转变，将以教师为主的课堂教学模式转变为以学生自发思考学习和参与为主的探究性学习的课堂模式，全面激发其能力以及学习效率。

（3）教师要做好自身的角色转变工作，以参与者和组织者的身份参与教学，做好引导工作。

（4）教师在教学过程中，关注学生的各方面情况，包括其参与度、性格、能力以及相关心理活动等。在这一方面要求我们对学生学科的综合情况进行关注，不仅包括德智体美劳各个方面，同时也应该关注其成长和进步情况。就当前而言，教师想要完全运用好探究性学习策略，首先就需要在根本上维持好每一位教师和学生的关系，进而在课堂教学上也需要做到师生之间的良好互动。

与此同时，在日常学习过程中，每一位教师理应主动去帮助一些学习成绩较差的同学，一些基础薄弱的学生也应该主动求助于教师，而不是躲避，这样才能从根本上建立起融洽的关系。

第二节　科学探究能力的培养

一、初中生科学探究能力的表现特征

一般说来，初中生科学探究能力表现出以下几方面特征。

（一）善于提出科学问题

科学问题指的就是学生在学习过程中将这些自然物体和自然事件与学习到的科学概念和原理联系起来，形成能够引发学习者学习兴趣和好奇心的问题。科学问题的提出能丰富学生的探究活动，从很大程度上激发他们学习科学学科的积极性。在引导科学问题的提出上，教师起到的作用是十分明显的。教师如果能成功运用启发式的教学方式，学生会发现很多科学原理并不是深不可测的，而是能够通过学生细致的观察和运用已经获得的科学知识来解释和解决的。为了回答这些问题，学生掌握一些基本知识和步骤是必要的，这些知识与步骤必须便于检索和利用，必须适合学生的发展水平。提出问题的途径也是非常丰富的，这些问题可以来自学习者本身，可以来自教师，也可以来自教材和其他途径。

科学问题的提出要顾及学生的知识结构和实际能力，而不能好高骛远。教育心理学认为，兴趣是一个人倾向于认识、研究并获得某种知识的心理特征，是推动人们求知的一种内在力量。兴趣必然引起追求，而追求和研究就会导致对事物的深刻认识和理解。创设情景的目的是促使学生已有的知识与未知知识产生激烈冲突，使学生意识中的矛盾激化，从而激发学生发现问题、探究问题的欲望，产生问题意识，提出有价值的探究问题。教师以积极的态度为学生创设一个良好宽松的质疑环境，善于运用多种途径，如实验、多媒体技术、科学史知识以及生产生活和社会中的实际问题等，为学生创设发现和提出问题的情境，逐步引导启发学生进行质疑，激发学生产生强烈的探究动机。

在传统教学中，教师往往重视自己在课堂中向学生提出问题，却忽视让学生自己发现提问，提出问题。学生把教材和教师当成权威和真理，学生也很少对课本或教师提出疑问。素质教育条件下的科学课教学要求教师在创设问题情境的基础上，鼓励学生大胆想象、质疑，勇于求异，主动发现和提出问题。教师在教学过程中，能以学生在日常生活中的真实体验为前提，围绕某一个科学知识点，设置教学情境，启发学生发现与此知识点有关的问题。然后让学生带着问题去学习，激发学生的创造欲望。教师对敢于提出问题、善于提出问题的学生给予及时充分的肯定和表扬，努力建立一种平等互信的新型师生关系，营造一种民主、和谐、宽松、自由的课堂教学气氛，让学生消除思想障碍。

让问题成为学生感知和思维的对象，使学生在问题中求知，在问题中发展，不断提高发现和提出问题的能力。要认识到学生提出问题的能力是逐步发展的。学生发现问题后，教师应启发学生把自己的发现以问题的方式表述出来。教师再根据学生的认知情况，鼓励学生对发现的问题做出进一步的思维加工，形成一个有价值的探究问题，并用口头或书面语言表述出来。对学生所表述的化学实验问题，教师要及时进行指导：正确的表述，要给予充分的肯定和鼓励；不恰当的表述，要及时给予纠正。学生经过多次的经验积累，随着科学知识和技能的不断提高，就可以逐步发展自身发现和提出实验问题的能力。在鼓励学生提问的同时，教师可以根据学生已有的认知结构和思维水平，在探索科学规律的过程中设置一个个、一组组彼此相关、循序渐进的探究性问题，通过连续提问，诱导学生去发现问题、分析问题和创造性地解决问题。教师以问题为引子，让学生带着问题去学习，激发学生的创造欲望。

（二）善于动手解决问题

无论是哪种科学学科，动手做是学习科学课必不可少的一个环节。在探究性学习中，学生通过实验得出实证资料，并在此基础上对科学现象做出解释。当然，广义上动手能力指的就是通过实验来获取实证材料的能力，它首先包括观察能力。例如，学生可以通过观察植物、动物和石头来描述这些事物的外部特征。其次是测量，例如测量温度、距离、时间等。动手能力还包括实验室中的实验、观察和测量，包括在控制条件下的化学反应、物理变化、生物反射等。建立在这些实验基础上的数据应该小心地记录和保存，同时要将实验过程中的变化和发展情况记录在报告和表格中。因此，探究性学习中收集实证资料的过程能够更好地帮助学生熟悉实验过程，从而启迪他们的智慧。

（三）善于交流学习经验

科学实验的结果往往需要进一步的验证，而这个验证的过程少不了交流。所以，交流能力也被包含在科学探究能力中。初中生还不具备撰写科学论文的能力，但是在一定范围内的经验交流和抒发心得体会还是可以做到的，也是必须学会的。这些交流包括要求对问题、步骤、证据、提出的解释和对其他解释的评价进行明确清晰地描述。它培养的是学生怀疑和正确解释科学问题的能力。学生的交流能力包括为其他人提供问题、检验实证材料、找出错误的推理，等等。学生在一起合作交流学习，能够共享个人知识以及经验，能够引发学生更深入的了解。这样，学生就会主动地促进知识的建构并参与学习的过程，同时也可以增强个人责任感并能高效地完成小组目标。

学生在自主探究的前提下，加强与同伴的讨论交流，结合自己的方案反思，再完善方案。小组内合作探究学习完成后，选出代表与其他小组讨论交流，交换意见，包括本次实验的结果、现象、数据及其分析处理的结果、创新装置、方法、理论分析和本次探究活动的最大收获、感受等内容。通过这种体验学习，不但促进了学生对知识的建构，同时还建立了积极良好的人际关系，培养了交流与合作及其他方面的能力。

总之，科学探究能力的培养是一个复杂的问题，探究性学习的五个基本特征是指导教师培养学生科学学习能力、探究能力的重要方向。当然，所有这些特征都可以有所变化。例如，每一次探究都使学生投入科学问题中去，但是在有的情况下，探究的问题首先是由学生提出的，而在有的情况下，学生并没有直接提出问题，是在教师提供的问题中选择一个问题进行研究，或者在别人提出的问题上稍加修改。

探究性学习中学生的自主程度是很重要的，应该尽量使学生投入到自己发现问题或深化探究问题的活动中去。由于每个学生的生活经验、知识基础、学习习惯和实验探究能力都不同，他们提出猜测与假设的方式、角度、深刻程度等也都有着较大的差异。如何消除或弱化这种差异呢？教师在教学过程中，要注意发挥小组合作学习的作用，使每一名学生在小组内都有提出猜测与假设的机会，都能对别人的猜测与假设发表个人看法。事实上，小组内或小组间的主动交流，对于学生发展他们的猜测与假设能力起着重要作用。通过交流，培养准确表述自己观点的意识，在交流与合作中既坚持原则又尊重他人，能思考别人的意见，改进自己的探究方案。合作精神应贯穿于科学探究各个环节，在科学探究过程中既有分工又有合作，讲究团队精神，运用集体智慧来完成探究过程。

二、探究能力培养策略

（一）转变教育观念和教学模式

首先是要转变教育观念。随着社会的发展和教育的逐步改革，时代和社会普遍要求教师在传授科学知识的同时，要注重学生人文精神的培养，并要求教师要以人为本，呼唤学生主体意识的觉醒。这些时代诉求，迫切需要教师的教育观念也做出根本的转变。也就是说，教学中教师应该从根本上改变以往只重视知识传授的做法，要向重视学生能力培养转变，使学生在具体的教学过程中，既掌握了科学知识，又促进了学生的身心发展，这样才能更好地促进学生的全面进步。

其次是要转变固有的教学模式。在教学过程中，教师要善于正确地引导学生进行学习，同时要敢于让学生动手、动口、动脑，让其主动积极地去进行科学探究。如在学习"物体振动频率与哪些因素有关"时，教师应引导学生利用身边的物体（如直尺、橡胶筋等）进行动手实验；在学习"摩擦力"的知识时，让学生"说说自己身边存在的摩擦力"。通过这些开放式的问题，让学生多体验生活，多观察生活，并从其中的一些现象中抽象出相关的物理原理，而不是全部问题都由教师"唱主角"，而学生则成了"观众"。总之，传统的教师"讲"、学生"听"的教学模式必须转变，这样才有利于学生主观能动性的发挥，也才有利于更好地培养学生的想象力和探究能力。

（二）在提问中培养学生科学探究的能力

首先，物理现象大量存在于自然中，引导学生对自然现象进行观察，从自然现象中提问，引导学生思考现象产生的原因，是培养学生科学探究能力的一种重要方法。通过对生活实践中的一些问题的提问，可以使学生将所学的物理知识与亲身体验到的事物有机地联系在一起。例如，为什么赛跑中裁判不以听到枪声计时？为什么百米运动员到终点不能立即停下来？等等。这些通过对生活实践观察后提出的问题，一方面能让学生探究生活实践中蕴藏的物理道理，另一方面能更好地激发学生科学探究的兴趣，从而提高其科学探究的能力。

其次，针对物理实验中隐含的许多实验现象引导学生提出问题，并由教师适时加以引导，也能起到事半功倍的效果。如在研究导体产生的热量与什么因素有关时，学生提出：电流越大，产生的热量越多。这时教师选择电炉子做实验，学生已经知道电炉丝的电阻比导线大，通过实验学生观察到连接的导线却不怎么发热，而电炉丝热得发红。从而学生提出：电阻越大，产生的热量越多。

所以，在教学过程中教师要善于调动学生的积极性，培养学生提问的积极性，提高学生发现问题和提出问题的能力。同时在面对学生提出的问题时，教师要加以合理的引导，使其一步步深入问题的核心和本质。此外，在培养学生科学探究能力的过程中，一方面应注重教师的指导作用，即教师应教给学生科学探究的常用方法和应注意的一些主要环节，通过自己的经验及阅历使学生少走弯路；另一方面，要让学生围绕科学探究目标来培养科学探究的定向性以及观察的有序性和灵敏性，提高学生科学探究的敏锐性及多方位的观察能力。

总之，现代教育越来越重视对学生科学精神、创新意识、科学探究能力和终身学习愿望的培养，而这些能力的发展均与学生的探究能力密切相关。所以，通过对初中学生物理学科探究能力的培养，让学生明白各种物理知识的产生和发展过程，培养他们学习物理的兴趣和创新思维习惯及科学精神，不仅可以大幅度提高初中物理的教学效果，同时还可以为学生良好科学探究能力的养成奠定基础。

第三节　科学探究学习评价

一、问题的提出

　　建立促进学生全面发展的教学评价体系是基础教育课程改革的重要组成部分。近几年来，通过熟悉和结合我国实际有选择地引入国外考试评价改革的经验和方法，我国基础教育的考试评价制度与方法有了许多重要的改进和创新，一些教育学专家和中小学一线教师为建立适合我国国情的评价方法进行了有益的尝试，并对一些新的评价理念做了理性的思考和研究。如黄光扬、景民、蔡敏等人对国外的教育评价，杨晓萍等人对质性评价方法，刘志军等人对发展性课程评价，高凌飚等人对过程性评价，施章清等人对档案袋评价等都进行过深入的探讨。也有人在学科教育学领域对建立可操作性的评价方法做了一些工作，如徐慧春等人对小学英语发展性评价体系的建立，夏正盛、王磊等人对建立初中化学课程评价方案都做了较深入的研究。

　　评价是探究学习过程不可缺少的一部分，科学探究学习目标的多元化需要建立起一种能够激励和促进学生知识与技能、过程与方法、情感态度与价值观协调发展的评价理念。在这个过程中，如何评价学生的科学成绩，以及学校和教师应对学生在科学方面的进步负什么样的责任，是我们必须面对的问题。人们在思考如何把科学教学的重心转移到探究上来的同时，也在努力探索如何才能真正使评价的重心从传统的分等级评价转移到真实反映学生学习质量上来。所以，本书力图在科学探究学习理论的指导下，借鉴一些专家和教师有关教育评价的研究成果，建立促进学生发展、教师提高和改进教学实践功能的科学探究学习评价体系。

二、探究式学习评价的方法与手段

（一）纸笔测验

对纸笔测验试卷中试题的命题，需要思考试题的题型和内容两个因素。用纸笔测验方式评价科学探究，是指通过试题的内容，而不是题目呈现的形式来考查科学探究。因此，在一份试卷中专门设立一个或几个"科学探究题"并不是恰当的做法。

科学探究问题不是一种题型，选择、填空、简答、计算、论述等各种题型都可以考查科学探究的内容。科学探究的过程离不开科学知识，对科学探究的考查，实际上是和对科学知识的考查联系在一起的。同一个题目，既考查了某一科学知识内容，也可以同时考查科学探究能力。因此，在进行试卷规划时，科学探究和科学内容是两个并列的维度，而不应该把科学探究作为科学内容的一个分支。

对科学探究的考查，包括考查学生对科学探究的理解和科学探究的能力两个方面。

1. 考查学生对科学探究的理解

对科学探究的理解的考查，就是从（关于科学探究）知识的角度考查学生对具体案例的认识。要考查学生对科学探究的知识是否理解，试题就不应该用复述、回忆的方式来考查某些死记的条文，而应该通过具体的科学探究案例来呈现应理解的内容。

2. 考查学生科学探究的能力

科学探究能力的考查，着眼点是考查科学探究的过程，而不是脱离探究过程考查对知识的理解和应用。这就是考查科学探究能力的试题不同于一般试题的地方。提出问题、猜想假设、设计方案、收集数据、分析论证、评估、表达等过程都是考查的内容，也是试题命题时的立意所在。要做到能真正考查学生科学探究的能力，试题的命题应该做到两点：

第一，试题应使学生在答题时具有探究行为。一个试题要考查学生科学探究的能力，就要使学生在回答这一问题时经历一次探究过程，而不是依靠回忆来复述原来做的探究实验（当然，上述的探究过程，绝不是完整的探究过程，而是体现科学探究要素的个别过程）。所谓经历一次探究过程，就是指学生在考场上答题时具有科学探究的行为。例如，要考查学生分析论证的能力，就要让学生经历一次对实验数据的比较、推理和归纳科学规律的过程。学生所归纳出的科学规律，对学生来说是陌生的，不是他们学过的知识，完全是由于学生答题时的分析论证行为才获得了答案，因而能考查出学生分析论证的水平。反过来说，如果学生对某一试题的回答不具有探究行为，而是凭回忆就可以获得正确答案，该试题就不具有考查科学探究能力的功能。

第二，学生的探究行为应以课程标准中的"对科学探究能力的基本要求"为根据。明确了考查科学探究能力的试题应该使学生在考场中具有探究行为之后，自然就会面临下一个问题：所考查的探究行为应以什么为根据？对此，应以课程标准"对科学探究能力的基本要求"为根据点。

课程标准以表格的形式对科学探究能力提出了明确要求。表格有两列：一列是"科学探究要素"；另一列是"对科学探究能力的基本要求"，它具体陈述了对科学探究七个要素的具体要求。这些具体要求，就是科学探究能力试题命题的立意和出发点。

（二）实验操作考查

实验操作考查，是指在规定的时间内学生在指定地点依照试卷独立进行实验操作并完成答卷、教师根据学生答卷和现场观察按评分标准评分的评价方式。实验操作考查方式，可以用来对科学探究进行考查。

1. 实验操作考查方式的功能

通过实验操作对科学探究进行考查，并不是专门考查学生的实验技能，而是为了达到更广泛意义下对纸笔测验功能互补的目的，纸笔测验对实验能力的考查，是通过具体知识的应用案例，从理论上考查学生的应用意识和能力的，而实验操作考查则是让学生解决活生生的实践问题，进行从应用原理到动手操作的全方位考查；纸笔测验对学生科学态度的考查，一般是看学生答卷的结果是不是符合试题所要求的严谨程度，例如作图，看学生是不是在已知原理和作图方法的情况下能使自己的作图控制在试题所要求的误差范围内。而实验操作考查，不仅可以从实验数据处理的结果来衡量学生的严谨程度，还可以通过对学生操作过程的观察来评价学生的科学态度，因此比纸笔测验更直观、更可靠和富有说服力。

纸笔测验对一些高层次认知能力的测量（例如创造能力）有一定的困难，

而实验操作考查为学生提供了一个实实在在的科学探究环境，学生能从中获得真实的、有价值的发现，从而能够区分不同学生在这些高层次认知能力方面的差别，这是纸笔测验方式所无能为力的。因此，对科学探究进行实验操作考查，应该从功能互补的视角来构思考查的目标和完成对试题的设计。

2. 科学探究实验操作考查试题的编写要求

（1）实施的可行性

实验操作考查，是在同一场所，用统一的器材同时进行的，为了使器材能重复使用，可以将学生分成几批，集中在一个时间段内分批考查。实验操作考查是考查学生个人成绩的，每人一组，闭卷方式。为了防止泄露试题，全校的实验操作考查最好集中在一个上午的时间全部完成。为了考查某些高层次能力，每批考查的时间又不能太短，这就限制了全校分批考查的批数，导致每批同时考查的人数很多，需要准备许多套实验器材。倘若试题所要求的实验装置比较复杂，将造成器材装备方面的巨大压力，因而实际上是不可行的。所以，试题的编写，首先要考虑的就是人力和器材在操作上的可行性。

（2）结果的有效性

一次实验操作考查有可能涉及多个具体目标，除知识外，还有技能、能力和其他科学素养。命题者除了编制一份书面试卷、设计一套相关器材外，还要制定一份评分标准。评分标准要对学生所填写的答卷做出评分规定，还要对主考老师所观察到的学生实验操作行为做出评分规定。纸笔测验对知识目标的考查比较容易把握，效度也比较高，但实验操作考查所涉及的目标比较多，评分的主观性增大，如何界定实验操作考查的具体目标、如何制定评价的标准，从而提高考查结果的有效性，这是实验操作考查试卷命题特别需要思考的。

以平面镜成像特点的研究为例对学生进行考查，如表7-1所示。

表7-1　探究平面镜成像的特点考查要点

探究过程	实验要求	记录
提出问题	说出你要探究的问题	
猜想与假设	猜测上面问题的可能答案	
实验设计	1. 实验原理和方法 2. 实验器材 3. 说出实验步骤	

续 表

进行实验	1. 在桌上放一张白纸，纸上竖一块玻璃板，记下玻璃板的位置，在玻璃板前放一支蜡烛，记下蜡烛的位置 2. 取一支大小相同的蜡烛，在玻璃后面移动，直到观察到蜡烛和像完全重合，记下蜡烛的位置。再将光屏放在此位置，观察光屏上是否有像 3. 移走玻璃板和蜡烛，利用刻度尺测量物距、像距，并记录在表格中 4. 改变燃烧的蜡烛的位置，重复三次	实验次数	1	2	3
		物距			
		像距			
		比较物、像的大小			
分析与论证	分析实验数据，得出实验结论	结论：平面镜所成的像是（　　）像，像的大小与物体的大小（　　），像与物到平面镜的距离（　　）			
评估与交流	简要记录，与同学和老师交流情况				

（三）成长记录

成长记录和表现性评价，属于过程性评价，不仅评价学习的结果，而且对学生的学习过程（包括方法、习惯、态度、动机等智力和非智力因素）进行评价。过程性评价使学生本人成了评价的主体。学生经历了评价的实践，不仅了解了评价，而且学会了评价，形成了自己终身学习中实现可持续发展不可缺少的一种能力。因此，过程性评价是发展性评价的重要方式。用成长记录来评价学生的科学探究，有意识地将学生的作品及有关资料收集起来，反映学生在科学探究学习中的优势和不足，反映学生在科学探究过程中付出的努力和进步，并通过学生的自我反思，激励学生取得更高的成就。

科学探究成长记录所收集的，主要是学生在探究过程中所形成的作品，例如论文科学探究报告、创造发明作品、学生表演录像等。它不是只用来装成绩单、排名表、奖状等反映学生学习结果的结论性文档。因为成长记录的重要作用是提供对自己的作品进行自我评价和反思的机会，学生依据标准和要求，欣赏、评价自己的作品，反思自己的探究过程，形成追求进步的愿望和信心，明确改进的目标和途径，进一步学会科学探究、学会学习。

创建成长记录一般有两种用途：一是描述学生学习与发展的过程，二是对学生学习与发展的水平进行评估。创建科学探究的成长记录的用途，同样是上述两个方面。当成长记录用来描述学生学习与发展的过程时，不需要对学生的成长记录做出等级评定。学生把自己认为满意的作品放入成长记录，这是学生阶段性学习的最优成果，经过一段时期的积累，也就呈现了学生成长的过程。为描述学生在科学探究方面的发展历程，应该把学生不同时期科学探究作品收入成长记录。这样不仅可以让他人了解该成长历程，而且重要的是学生通过对自己这些过程性资料的回顾、反思和小结，获得对科学探究过程的重新认识。

基于这种目的的成长记录一般都用于某一单项的学习活动，物理课程的科学探究成长记录，就属于这种情况。在这些科学探究活动中，不同的学生所创建的描述自己科学探究的资料、作品的成长记录会不同。评分者在充分阅读这些记录后根据评分标准进行评分。要使评分客观、公正，制定一个科学、合理、操作性强的评分标准是关键。评分标准的内容框架应包括若干个维度，既要对科学探究作品的最终成就做出评价，也要评价成长记录所描述的学习过程，还要评价成长记录所体现的学习态度、习惯和精神。它是结果、过程、态度的统一体现。评价者可以是科学探究者本人和教师，也可以包括其他同学和家长；等级可以设A、B、C、D等若干级别，也可以通过一、二、三等奖的激励方式体现评价的等级。

（四）表现性评价

表现性评价是让学生通过完成实际任务来表现学习目标掌握情况的评价方式。教师提出一个真实或模拟的情境，学生在这个情境下完成一个具体的任务，例如设计一个方案，或者创制某件作品，或者进行某项实践活动，根据学生所完成任务的效果和观察学生完成任务的过程，考查学生运用所学知识和技能解决问题的能力、实践能力、交流合作能力等多种能力的发展情况。因此，表现性评价非常适合于科学探究的学习评价。在设计科学探究的表现性评价任务时，通常需要考虑以下几个方面：

第一，科学探究的任务，应该跟物理课程的目标紧密联系，跟教科书相结合，能体现物理课程的教学内容；第二，科学探究的任务应具有真实性，让学生做一件具有实际意义的、有价值的事；第三，探究任务的内容对学生来说具有可行性，任务完成的时间、任务的复杂水平、完成任务所需要的物质条件等，都应该在大多数学生可以接受的前提下进行设计；第四，科学探究的任务应有利于制定一个合理的评价标准。作为一种过程性评价，科学探究表现性评

价具有以下特点：它能有效地评价学生的实践能力；它能对创造能力等高层次
的心智技能做出评价；它能使每一个学生充分地表现出自己的成就和水平，使
学生充分展示自己的才华和个性；它能激发学生的学习热情，有助于学生的终
身发展。以人教版八年级物理中《探究固体熔化时温度的变化规律》为例，介
绍如何对课本中的科学探究设计表现性评价。

　　分析教材发现，本次探究是初中生接触物理课程以来进行的第一次探究
实验，探究的重点是让学生经历从"提出猜想""进行实验"到"归纳论证"
的探究活动全过程，体验科学探究的乐趣。因此，本案例要考查的科学探究要
素有三个，分别是猜想与假设、进行实验与收集证据、分析与论证，其中后两
个要素是实验考查的重点。因为采用分项评分规则，就要用相适应的评价工
具，本案例中将使用核查表和分项评价量表两种评价工具。分别设计了《探究
固体熔化时温度的变化规律》的学生行为核查表（表7–2）、预习记录表（表
7–3）、探究报告的分项评价量表（表7–4）。

表7–2　《探究固体熔化时温度的变化规律》的学生行为核查表

班级：　　　　　　日期： 姓名：　　　　　　组长姓名： 探究题目：
指导语：在探究过程中，若已表现出下列行为，请在每个检核行为的前面打"√"；若没有下列行为，则不做任何记号。 一、探究过程（学生自评） 1. 猜想与假设 　□根据生活经验提出合理的猜想 2. 设计实验 　□参照实验装置图从下至上组装实验仪器 　□实验仪器组装正确 3. 进行实验与收集证据 　□正确放置温度计 　□安全使用酒精灯 　□正确读取温度计示数并记录 4. 分析与论证 　□根据实验数据，写出图像横坐标的数值 　□用圆点在图中表示你的实验数据，并用平滑的曲线将点连接起来 　□通过对数据和图像的分析，总结温度变化的特点

5. 评估
　　□进行自我评估，发现实验错误或漏洞
二、实验态度情况（同学互评）
　　□未迟到或擅自离开实验室
　　□积极参与探究过程
　　□与同学分享实验结果，共同探讨问题
　　□完成实验后，收好实验仪器，清洁实验台

表7-3　《探究固体熔化时温度的变化规律》的预习记录表

班级：	日期：
小组成员：	组长姓名：

指导语：预习书本上的探究任务，经过小组讨论后，回答下列问题。

1. 本次提出的探究问题是：

2. 你们的猜想是：

3. 设计实验

（1）实验需要测量的物理量有：

（2）需要的实验器材有：

（3）安装实验装置时，石棉网的高度如何确定？

（4）酒精灯的点燃与熄灭应如何操作？

（5）你认为整套实验装置的安装顺序应该如何？拆除顺序呢？

4. 你认为本次探究实验需要注意哪些方面？

表7-4　《探究固体熔化时温度的变化规律》探究报告的分项评价量表

班级：	日期：
姓名：	组长姓名：
探究题目：	

一级指标	二级指标	分值	自评	师评
猜想和假设	提出正确的猜想并清晰地表述出来	2		
	提出正确的猜想但表述不清晰	1		
	未提出正确的猜想	0		
设计实验	正确写出全部实验物品	2		
	正确写出主要实验仪器	1		
	缺失主要实验仪器	0		

续 表

设计实验	准确描述实验步骤 基本描述出实验步骤 实验步骤有明显错误	2 1 0		
进行实验与 收集证据	记录的实验数据准确 记录的实验数据有些许误差，但不影响得出实验结论 记录的实验数据有很大误差，无法得出实验结论	2 1 0		
分析与论证	绘制出清晰的图像，坐标轴设置合理，包含坐标轴标题和单位 绘制出清晰的图像，但坐标轴设置存在问题 没有清晰的图像，坐标轴设置错误	2 1 0		
	得出正确实验结论并准确地表述出来 得出正确实验结论但表述不太准确 没有得出正确实验结论	2 1 0		
评估	分析了实验产生误差的原因，并提出解决办法 分析了实验产生误差的原因，但没有提出解决办法 没能发现实验产生误差的原因	2 1 0		
交流与合作	与同学进行交流，并解释实验结果不同的原因 与同学进行交流，但没发现实验结果不同的原因 没有与同学进行交流	2 1 0		
学生总结				
教师评语				

　　当然，这种评价也有不足之处，它评价的知识范围比较窄，评价的过程比较烦琐，评价成本较大，评价结论具有一定的主观性。因此，应该从各种评价方式的优势互补来思考这种评价方式在发展性评价体系中的地位和作用。

第八章

基于核心素养的科学态度与责任培养的教学

第一节　科学态度与责任的内涵及理解

　　科学教育要求培养和提升学生的科学素质，包括正向的科学态度、丰富的科学知识、先进的科学手段和技术以及正确的价值观等内容，是一项培养科技人才、提升整体民族科学素养的教育活动。由此可见，在现代物理教学过程中，科学态度与责任意识的培养是非常重要的，在改变教师传统教学理念、革新教学手段以及全面推进素质教育等方面都会产生重要影响，对于培养学生的物理核心素养也具有积极意义。所谓科学态度和责任，主要就是指在对科学本质具有一定的认识，对物理学与社会、技术等之间存在的关系具有一定了解的基础之上形成的正确的科学技术态度与责任感，是学生在物理学习之后应该养成的重要品格，对于培养学生正确的价值取向和社会责任感有积极的推动作用。因此，在初中物理教学活动中，学校和教师都应该重视学生科学态度与责任意识的培养，具体表现如下：第一，能够始终保持强烈的好奇心和求知欲参与到物理学习之中，能够积极主动地投入物理实验与探索活动中；第二，在进行小组合作学习的时候，可以主动与人合作探究，尊重他人的成果与认识，并且具备清楚表达自己观点的能力；第三，具有质疑精神，不将教材内容视为全部，在面对权威内容的时候也保持适当的怀疑，相信实践出真知；第四，尊重和热爱生命，具有保护生态环境的意识，有节约资源的观念。

一、概念界定

（一）态度

　　什么是态度？著名社会心理学家阿尔波特对其进行过描述，认为态度就是心理与神经中枢的准备状态，其通过经验来组织，并施加直接或间接地与所有对象或情境相关的个体反应。由此可见，态度主要包括三个方面：第一，态度是一种内部准备状态，其能够引导和推动某些行为产生与出现，但不是行为反应本身；第二，态度能够直接或者间接地对个体行为反应产生影响，而这种影响和能力是具有明显差异性的，态度对于人们的行为选择有决定作用，而能力对于人们是否能够顺利完成特定任务有决定作用；第三，态度是在经验组织或者学习的基础之上形成的，是后天在与环境相互作用的过程中产生和发展的，而不是先天具备的。综合上述内容进行总结，所谓态度，就是通过一定的学习活动形成的对个体行为选择具有重要影响的内部状态。

目前，心理学家普遍认为，认知因素、情感因素以及行为倾向因素共同组成态度。所谓认知因素，即个体在对待态度对象过程中持有的具有评价意义的观念，通常是以赞同或者反对的形式呈现出来，是一种由诸多观点共同组成的认知体系。所谓情感因素，即个体在评价态度对象的时候保持的情感色彩，如喜爱或者厌恶、满意或者失望，等等，这种情感因素一般都是个体所具有的一种非常真实的情感表现，是伴随认识因素形成的，因此很多心理学家都认为态度的核心因素就是情感因素。所谓行为倾向因素，即个体在对待态度对象的过程中表现的行为意向，是对于态度对象的一种反应，构成态度的准备状态。对于行为因素需要特别注意一点，即行为倾向并不等同于行为本身，而有这种倾向也并不等于行为必然发生。

从诸多学生对其进行的研究和分析来看，大多数情况下态度的这三种因素都是协调一致、相辅相成的。但是，偶尔也会有不协调的情况出现。相关资料表明，情感因素和行为倾向因素之间具有很高的关联度，而认知因素与另外两个因素之间的关联性就相对较弱。具体来看，态度的特征主要包括以下几种。

1. 态度以一系列观念、信念为基础，具有可习得性

态度是在一定的信念、观念等基础之上形成的，是处于动态发展之中的，随着个体或者环境的变化，以及个体认识水平的不断提升，态度也会发生一定的改变，因此，态度是能够习得的，而且是比较容易产生变化的。由此可见，态度具有明显的可习得性和易改变性特征。

2. 态度与核心价值观相联系，具有相对稳定性

价值观是人们在判断某一事物或者进行决策的时候遵循的重要准则，而这种准则实际上就是这一事物或者对象对于人们而言的意义，也就是其本身所具有的价值。价值观能够为人们的判断或决策行为提供一个准绳，人们对于某一事物或者对象所持有的态度往往就是事物或对象自身价值决定的。由此可见，态度和价值观之间具有非常紧密的联系，具有突出的相对稳定性特征。

3. 态度是由多个因素相互作用形成的，具有复杂性

一般来说，在单一因素影响下并不能形成态度，往往需要多个因素共同作用才能够形成对待某一事物的态度，因此态度实际上是一个具有多维属性的概念，具有明显的复杂性特征。

（二）科学态度

从科学的产生与发展来看，在很长一段时期之内其都是处于哲学母体之后，没有真正属于自己的一个独立的地位，在称呼上面也并不是"科学"，而是被称为"自然哲学"。进入20世纪以后，科学获得更加快速的发展，新的学科和理论不断被提出，越来越多的学者对于科学的性质和活动本身越来越关注，他们逐渐发现，"变化"是科学唯一一个不会发生改变的特性。此外，科学的概念也被提出来，即科学是涵盖概念、定律、实验、技能以及方法等诸多方面的知识体系，是人们对自然和社会进行长期认识与探索的重要成果。需要特别注意，科学虽然是经过实践检验的，但并不代表其绝对正确。

在本节，所谓科学，主要指的是学校教育中的各个科学学科以及自然世界，包括基本的科学理论、规律、认识等的知识系统，其中，科学学科包括物理、化学、生物、地理等诸多方面。一般来说，科学议题会综合各个学科，而且会和非科学因素相互交叉，因此，笔者此处所提及的科学具有学科综合性。

我国著名学者崔航认为，所谓科学态度，就是人们在科学活动中对其中的人物、事件等形成的稳定且持久的内部状态。顾志跃先生在其著作《科学教育论》中也指出，科学态度就是个体遵循自己的价值观对态度对象保持的评价或者行为取向。

对于一项科学工作而言，想要顺利完成和突破，科学家就必须始终保持科学的态度，这是一种非常宝贵的品质。而对科学的态度，主要指的是个体在与科学相关的人物、事件等接触与作用的过程中产生的信念、认知等；也指个体在对科学进行评价以后形成的认知、情感、行为倾向等。这里需要区分两个概念，即"科学的态度"和"对科学的态度"。前者主要是指科学家在具体的科学工作中表现出来的优秀品质，如敢于质疑、坚持真理等；后者主要指的是个体对于科学的认知、情感和行为倾向。在本节中，笔者提及的科学态度便涵盖了这两个方面。

二、科学态度与责任的构成

（一）科学的本质是探究

物理是作为一门基础性的自然科学被人们熟悉和认知的。在最初阶段，人们常常会将科学作为结果（知识）进行理解，随着认知水平的不断提升，科学逐渐被人们理解为过程（方法）。而从现阶段人们的研究与认知发展来看，科学被作为探究进行理解，而且认为探究正是其本质特征。1781年，人们发现了天王星的运行轨道，但是其和利用万有引力定律计算得出的结果存在偏差。面对这一问题，当时就有人提出"天王星轨道外也许还存在一颗尚未被发现的行星，并且其对天王星有一定的引力作用，从而导致天王星轨道偏离"这一推测。随后一些天文学家便利用万有引力定律对其轨道进行了测算。终于，在1846年的时候，德国的加勒在勒维列计算得出的范围之内发现了海王星。由此可见，自然是遵循一定规律的，而且这一规律是能够被认知的，而在对其进行认识和了解的过程中，探究就是一个最有效的手段。因此，从过程意义来看，科学的本质就是探究。而物理作为一门重要的自然科学，在对其进行学习的时候，如果只重视最终结论的获得，而忽视对探究过程的理解，就会很难把握科学精神、方法、价值等更加本质性的内容。

（二）科学态度的核心是求真、实证、创新

科学态度是人们对科学本质有一定认识、形成一定科学价值观基础之上对于科学精神的追求，也是科学精神的一种主要外在表现。在探究活动中，知识与方法都是可以发生变化的，但是科学态度是永恒的，其核心便是求真、实证以及创新。在具体的科学研究活动中，求真是推动其不断进步和发展的重要原动力。在当前这个科学信息技术迅速发展和革新的社会中，新事物不断出现，因此，我们在对待事物的时候应该始终保持好奇心和求知欲，要始终坚信客观世界中万事万物的运动都是遵循一定规律的，而且这些规律是能够通过一定的手段被认知的。在科学研究和认知活动中，我们应该始终坚持批判性思维，把握正确的前进方向，以此为基础来对科学进行鉴定，准确分辨科学、非科学与伪科学。对于科学活动而言，实证可以说是其最为看重的，如科学家在具体的科研活动中对于所有事物应该始终保持实事求是的态度、树立"实践是检验真

理的唯一标准"观念等都是实证的重要表现。以相对论为例，有人认为其是思辨的产物，但是爱因斯坦表示，相对论并不是依靠思辨提出来的，而是在经验的基础之上建构起来的。并且多次表明自己提出的观点如果在实践检验过程中被推翻，那么就会毫不犹豫地放弃它。由此可见，所谓科学，并不都是证实真理，不断发现和修正真理认识中存在的错误也是科学的重要方面，人们对于客观规律的认识永远是相对的。科学知识表现出来的通常都是确定性，而科学态度的重点通常是放在不确定性上面，因此，科学态度实际上也是一种怀疑、批判和创新精神。

（三）社会责任的关键是意识和行为

所谓社会责任，即在进行科学研究和应用实践的过程中，对客观世界进行感知的同时对自己应该承担的责任进行反思和了解，遵循公众普遍认可的道德规范；在强调科学知识与方法的同时深入认识和了解科学、技术、社会、环境之间存在的关系，保护环境和资源，关心社会发展；在力所能及的基础之上同他人进行合作，并积极参与到社会决策之中，推动人类社会的可持续发展。

三、基于科学态度与责任的物理教学现状

物理学科本身的特征和共同的物理教学的目的任务决定了物理教学过程的特殊性。物理教学过程是指老师运用各种各样的途径，让学生了解认识物理的客体，并且掌握其知识、技能等，进而能够把物理知识运用到实际生活中，解决实际问题。物理教学的基础是观察和实验；教学过程的中心是引出概念，掌握规律，从而建立物理知识体系；而教学过程的主要目的则是能够将学到的知识运用到解决物理问题中。初中物理教学过程中应该体现出的基本理念是，面向全体学生的物理教学是促进学生的和谐发展的；面向生活，并且联系实际的物理教学，需要增强其应用意识；提倡教学的多样化和民主化，提高效率，使其效果发挥到最大。如物理教科书八年级上册《机械运动》一章，其中"相对静止、绝对运动"很难理解，而机械运动都是生活中常见的运动，可以让学生亲自体验运动和静止的关系。整个课堂贴近生活，教师平易近人，学生也就可以愉快轻松地学习物理，就会更乐于学习物理。

（一）教学形式

分组教学，吸引学生让他们主动积极地参与到课堂讨论中，我们可以通过

各异的小组形式来实现。不同性格、不同个性的同学可以相互吸引形成一个异质小组，这样我们又可以通过物理实验、物理知识竞答各种各样的活动形式来提高学生的兴趣，同时也能使学生的课堂体验和情感得到增强。例如，在讲电阻定律时，老师让学生分组实验，探究导体电阻与导体长度之间的关系。个别教学，即一个或少数几个学生面对特定的内容在同一时间里让老师进行个别指导，使学生能够较好地适应个别差异。这种教学形式的不足之处就是速度慢、效率低，但这种教学形式可以让教师因材施教，进行个别指导，更具有针对性。个别教学不是教学的主要形式。但这种教学形式可以让老师将对学生的关心和关注更好地传达给学生，也有利于增强学生和老师积极的情感。例如，老师对个别跟不上进度的学生进行专门的辅导。开放教学，它是最能激发学生对物理的兴趣的一种教学形式，感受和体验都会在物理过程中增强。例如，《物态变化》一章，让学生在大自然中进行观察，亲身体验。

（二）初中生科学态度水平

根据调查结果，学生的科学态度还有很大的提升空间，但就初中二年级的学生对物理的认知情况来看，总体上还是不错的，不过仍有极个别的学生认知情况存在欠缺。由于物理的科学性，学生在学物理中还会受到不良情绪的影响，存在着明显的偏差，而成绩也是影响初中生对物理科学的态度的一大因素。通过一段时期的课堂观察，就课堂学习情况、作业完成情况和考试成绩情况来看，都能体现出初中二年级学生是刚刚开始接触物理这门学科，对其描述都不是特别清楚，有时候会在物理学习上感觉到无从下手，也会找不到解决物理问题的方法，明显对物理缺乏认知性。

第二节　科学态度与责任的培养

开展教育活动的主要目的就是育人，这也是教育活动的最终归宿，一个人的综合发展，并不单纯指其认知水平和能力的提升，而且包括审美能力的提高以及良好品格的培养。所谓科学态度与责任，即学生在对科学本质、物理学与技术、社会与环境之间的关系进行认识与理解的基础之上逐渐产生的对科学技术应有的正确态度以及对社会和环境应负有的责任感；也是学生在物理学习过程中应该养成的关键品质，在引导学生树立正确的价值取向和观念中具有重要意义。因此，在初中物理教学活动中必须加大对学生科学态度与责任的培养力度。

一、态度的习得理论

前面内容已经提到，态度并不是每个人先天就具备的，而是在后天的活动中逐渐形成的，是一个长时间不断发展的结果。态度习得与养成和我们学习与掌握普通文化知识、学习技能等是有明显差异的，一般而言，在进行态度习得的时候需要更多的情感投入，而且整个过程都需要学生将自己的认知、情感以及行为倾向等方面的学习高度统一起来。由此可见，相较于单方面的学习活动，态度习得的难度和复杂程度无疑是更大的。

（一）态度习得的过程

20世纪70年代，美国心理学家便提出了两种比较可靠的态度习得途径，即替代学习与亲历学习。所谓替代学习，即在对他人的行为或者活动进行观察的过程中形成的学习行为，也叫观察学习。对于态度习得而言，过程中往往需要替代学习参与其中才能够真正得以实现，从态度学习到品性养成，都能够通过替代学习顺利实现。详细来讲，替代学习的整个过程应该包括注意、保持、生成以及动机四个环节，其中，注意是学习者将其认知活动等心理资源都置入当前示范事件之中，注意要学习的事件是态度形成的首要条件，而示范事件以及学习者的主要特征会对注意的最终效果产生直接影响；保持即学习者要牢记示范对象表现出来的活动特征，一般来说，学习者主动对相关信息实施转化，使之以自己比较熟悉和容易掌握的表象符号呈现出来，并在大脑中对其进行反复演练，保持是态度习得过程中的认知基础；生成即学习者将脑海中反复演练的表象内容通过一定的规律转化成具体活动，也就是说，学习者在日常活动中将示范对象的行为再现出来，也有学者将这一环节称作动作重现，在这一环节中，学习者不仅要对行为符号的指导有足够的认知，对于动作行为的概念与规则也应该有比较清楚地理解，如此才能够将行为反应准确组织出来；动机即行为生成以后可能会存在一定程度的强化，使得将来这一行为重复出现的可能性变得更高，对未来行为的产生有促进和推动作用。

所谓亲历学习，主要是指学习者通过对自己的行为活动进行感悟和体验来获取所需知识。这种途径重视和强调学习过程中学习者主体作用的发挥，认为活动结果对于学习者相应行为的产生有积极主动的推动作用，认为个体之所以会出现学习这一行为，最主要的原因就是学习者形成的对于行为结果功能价值的认识。首先，学习者能够认识到行为结果所具备的信息价值，能够从中认识到结果与行为反应之间的关系，并且会利用这一认识对反应与结果进行指导，通过对选择行为进行强化或者否定来不断引导个体态度与行为的生成与发展，由此可见，亲历学习实际上就是对信息进行处理和深入认知的活动。其次，在亲历学习过程中，学习者应该能够认识到反应结果的重要作用。一般来说，某种活动在正式实施以前，学习者都会对最终可能呈现的结果进行预设和推测，有时候这种预设的结果就是学习者采取行动的直接且非常重要的驱动力。

在态度习得的过程中，学习者通过两种方式往往能够形成一种态度。此外，两种方式应该是相辅相成、共同发挥作用的，因此应该尽可能地避免二者之间出现矛盾，否则很容易弱化态度习得的最终效果。

（二）促进态度习得的方法

1. 说服

在日常教学活动中，教师在引导学生转变自己本来态度的时候都习惯用言语说服。在利用言语说服学生的时候，教师一般都会选择一些能够支持原有态度或者不支持原有态度的证据呈现给学生，以便使学生认同自己的教育和态度，使之能够改变原有态度，并且主动去习得新态度。在通过说服来促进学生态度习得时，比较有效的技巧当数以现实情况为基础，向学生展示单面或者双面论据。

对霍夫兰德研究进行深入分析发现，如果学生的文化程度偏低，或者持有认可态度，则教师为之提供单方面的论据往往就能够推动态度的顺利习得；而如果学生的文化水平比较高，或者对于某一事物持有否定态度，那么教师就需要为之提供双面论据。具体到日常教学活动中，教师如果想要引导学生转变自己本来的态度，如果对象为低年级学生，则需要为其提供正面论据；如果对象为高年级学生，则需要为其提供正反两个方面的论据。在这一过程中，教师在提出自己的观点之后，如果学生没有出现逆反心理，则教师只要为学生提供正面论据稳固其态度即可；如果学生对于教师的观念持反对态度，那么教师就需要为其提供双面论据，这样才能够给学生带来教师公正公平、严谨正面的感觉，从而对教师产生好感，有利于学生态度的顺利转变。在向学生展示论据的时候需要注意一点，即必须充分考虑到教育任务的实际需求。如果教育任务需要即刻完成，那么向学生展示正面论据往往是比较有效的；而如果教育任务是需要较长时间完成的，那么教师就需要为学生提供正反双面论据，如此有利于保证教育工作顺利进行。

此外，在利用说服手段促进态度习得的时候，还应该注意以理服人和以情动人。说服内容里包含的情感因素在作用于态度习得和改变的时候一般能够产生立竿见影的效果，但是维持的时间较短；而能够长期发挥作用和产生效果的往往是理智因素。但是，系统来看，无论是情感因素还是理智因素，促进学生态度习得以及改变态度的时候都会受学生成熟程度的影响。一般情况下，在面对低年级学生的时候，教师利用情感因素来打动学生往往可以取得更好的效果；而在面对高年级学生的时候，往往需要摆事实、讲道理，引导学生进行自主判断和选择。由此可见，学生的成熟度对于说服教育效果的高低有重要影响。对于普通水平的学生来说，教师在教育活动中应该先发挥情感因素的影响作用，最后再通过摆事实、讲道理等理智行为证明自己的观点，从而获得更好的促进效果。

在说服学生的过程中，教师还应遵循逐步提高要求这一原则。在促进态度习得和转变的过程中，教育者的观点和学习者本来态度之间存在的实际差异始终发挥着重要作用。二者之间的差异处于中等水平的时候，最容易改变学生的态度，而这种差异性如果越来越大、越来越明显，那么态度的转变就会越来越困难，改变幅度也会越来越小。因此，在实际教学活动中，教师应该对学生的本来态度有一定的掌握和了解，并且对其与自身的态度之间的差距进行估计，以便更加有效地改变学生的态度。如果二者之间的差异过大，则教师需要对改变态度的整体目标进行适度分解，使之形成若干个不同层次的分目标，然后要求学生先达成层次较低的分目标，接着完成更高层次的分目标，一步一步地走向整体目标，不断缩小教师和学生之间态度的差异，促进学生态度转变。

2. 榜样

榜样在促进学生态度转变的过程中始终发挥着重要作用，对于这一点认识，无论是在理论研究中还是在现场实践中都已经得到了证明。此外，班杜拉在其提出的社会学习理论中也对榜样的重要力量进行了重点论述，并指出学习者使用频率最高的学习方式就是模仿榜样的行为。也正是因为这一点，教师在培养和改变学生态度的时候，应该重视榜样的作用，为学生塑造一个优异的榜样，并且在发挥其作用和功能的时候应该选择适当的呈现方式。

在学习活动中，榜样本人在学习者面前做出真实的操作行为，更易诱发并保持观察者的注意，如果突出关键部分的反复示范，达到的效果会更好。但是需要特别注意，对于榜样的操作行为，必须能够进行准确判断和认识，否则往往会引发反效果。在当前的社会环境中进行榜样教育的时候，很多个人或者机构都会选择使用各种形式的传播媒体，因为其能够精细和全面地对榜样形象与具体内容进行介绍和阐述，更加突出模仿的重要价值和功能。而且随着信息技术的不断发展，这种科学化榜样教育模式越来越受到人们的青睐。

此外，在开展榜样教育的时候，教师必须以身作则。对于学生群体而言，很多时候其都是将教师作为自己学习榜样的，因此，无论是教学活动中还是日常生活中，教师都必须规范自己的言行举止，要利用自己良好的行为活动引导学生养成积极正向的学习态度。现代心理学研究表明，作为一个榜样，如果其态度真诚热情、举手投足间都能够展现出高素质，那么对于多数学习者而言，其都是具有很大吸引力的。

3. 角色扮演

所谓角色扮演，其实主要指的就是学习者在特定地位之中并由此形成与之匹配的行为活动的一系列进程。有学者在对之进行深入分析和研究后指出，教育活动中的角色扮演，实际上就是安排部分学习者作为演员，而其他人扮演观众，二者处于同一个场景之中，形成解决问题的期望和对参与的理解，并产生与之相符的同情、爱慕等情感，然后在此基础之上进行更加深入的论述和分析。在这一场景之中，双方一般都能够形成自己的观点和态度。

角色扮演这种手段能够为学习者创设出一个和现实生活环境相似的情境，从而使学生能够在一个接近真实的模拟情景中形成真实态度和情感体悟。此外，角色扮演具有明显的群体性特征，其能够引导多数个体融入群体意识之中，因此有利于学习者新态度的形成。

在角色扮演的过程中，有两个因素始终发挥着重要功能。第一，从角色扮演者方面来看，其必须能够准确认识和理解自己在学习情境中所处的位置和具有的重要性，对于自己扮演的角色的内心情感有一定的了解并且应该能够将之通过适当的行为操作表现出来，掌握一定的表演技巧。第二，从教师指导学生进行角色扮演角度来看，对教育程序中的每一个步骤应该进行说明和解释，例如，要对角色内容进行分析，并且应该给出相关要求，进行角色扮演的时候应该根据学习者自身特点进行适当选择，合理设计场景，使学习者能够熟悉自己面对的学习对象，最后引导学生进行积极讨论，得出自己的观点，从而将这一教育方式的作用充分发挥出来。

二、在初中物理教学中培养学生科学态度与责任的方法

（一）从教学设计环节入手

优秀的教学设计是课堂教学成功的基石。在课前教学设计时，要围绕物理学科核心素养的四个要素，根据教学内容和学情制定恰当的单元教学目标或课时教学目标，只有从每一节课抓落实，学生才会在经过一段时间（或学段）的学习后，物理学科核心素养得以提高，教育立德树人的根本任务才能完成。例如，在八年级物理上册2.1《我们怎样听见声音》的教学设计过程中，充分挖掘教材内容落实科学态度与责任素养目标。教学中有一个探究实验：真空能传声吗？这一环节教学可以这样设计：

1. 实验与观察

①将手机悬挂在广口瓶中拨通手机，手机发出铃声，同时显示屏发光。问学生看到了什么，听到了什么。②这时用抽气机慢慢抽出瓶中的空气，让学生再注意听铃声，判断铃声的大小是怎样变化的，并观察显示屏是否继续发光。③当抽气到一定程度时，还听得到铃声吗？显示屏还继续发光吗？④重新向广口瓶中放入空气，让学生重新听手机是否有铃声？观察显示屏是否发光？

2. 问题与思考

①上述实验现象说明了什么？你的证据（或理由）是什么？②手机为何要悬挂，其目的是什么？③抽掉空气后发现手机显示屏仍在发光说明什么？④重新放入空气后又听见响声了，这一操作目的又是什么？通过这样的实验观察及问题思考设计，可培养学生问题意识、思考习惯、科学探究的严谨性和逻辑性，学会通过收集证据进行分析论证的方法，认真实验及对自己所做结论负责的态度。

（二）从课堂教学环节入手

课堂教学是实现教学目标的主渠道。在物理教学中学生通过参加教师组织的有针对性的活动（或实验），学习领会新的知识，掌握新方法和强化其研究问题的态度与责任，提高其研究问题和解决问题的能力。物理教学中探究性实验较多，是培养学生科学态度与责任的良好机会。譬如对实验数据的观察与记录，要仔细认真，数据要真实，实事求是，不能为了实验结论凑数据；到实验室时，要遵守实验室规则，爱护实验仪器。在实验过程中，实验小组既要有分工也要有合作，实验后要对实验过程及数据进行评估和交流，勇于表达自己的意见和见解。

（三）从课外活动入手

课外探究活动是课章教学的补充，也是培养学生科学探究能力和科学态度与责任的有效途径，譬如在八年级上册学习了第二章《声音与环境》后，要求学生组成调查小组，调查住处附近噪声污染情况，写出调查报告，并向社区提出降低噪声的建议。在学习了第四章《物质的形态及其变化》后，要求学生从网上搜集一条有关水资源被严重污染的报道，并加以评述。上述两次活动都可以强化学生的社会责任意识以及正确认识发展与保护环境的关系，增强为人类可持续发展做出自己的贡献的决心。

三、在初中物理课堂中学生科学态度的培养途径

（一）改善初中物理教师对学生科学认知的培养

1. 从教学环节入手

对于学生认知的培养可以分布在教学的各个环节：一是预习环节，教师在预习提纲中需要为学生明确要有怎样的认知。二是正课教学环节，尽量以生活真实事例呈现物理现象和规律，体现物理在生产生活中的应用和重要性。三是总结应用环节有针对性地提出问题，让学生有意识地运用物理知识解决问题，让学生主动地对物理知识表示赞成或肯定。

2. 从教学内容入手

一是初中物理课程标准要求的基本内容与学生身边生活、STSE［科学（Science），技术（Technology），社会（Society），环境（Environment）的英文缩写］紧密联系，有助于改善教师对学生认知的培养。二是课堂中加强科学探究活动。科学探究可以促进学生认识科学方法的重要性，从而加强认知。

3. 从教学形式入手

（1）分组教学

组内、组间学生互相交流，拓宽学生知识面，促进学生对物理重要性的认识。

（2）开放教学或现场教学

突破传统教学中在教室内教学的束缚，走出教室，组织学生到户外、到工厂等"大课堂"进行实际考察、亲身体验，与周围环境、社会相互作用，更有助于提高学生的科学认知结构。

（3）个别教学

针对学生在预习中提出的不同问题，在预习环节中适当进行个别教学，有助于增强学生的认知水平。

（二）改善初中物理教师对学生科学情感的培养

学生科学情感的培养是建立在学生具有合理的科学认知的基础上的。

1. 从教学环节入手

对于学生情感的培养可以分布在教学的以下环节：一是课前小演讲环节，学生自主准备有关物理小知识的故事、实例或科学技术，促进学生了解物理，

扩大学习物理的思路，激发兴趣，培养情感。二是正课教学环节，这是培养学生情感的主要环节。利用贴近学生真实生活的实际问题，符合学生的年龄发展阶段，有针对性地激发学生的兴趣。

2. 从教学内容入手

一是初中物理课程标准要求的基本内容与各学科之间相互联系与渗透，改善教师对学生情感的培养。二是初中物理课程标准要求的基本内容与学生身边生活、STSE紧密联系，有助于改善教师对学生认知的培养。三是在初中物理课堂中要重视科学探究内容，有助于教师对学生情感的培养。

3. 从教学形式入手

（1）个别教学

此教学形式主要采用学生自主学习的形式，以教师为主导、以学生为主体来展开教学。教师可以采取个别指导，因材施教，如此更具有针对性，让学生可以感受到来自教师的关注和关心，从而增强积极的情感。

（2）分组教学

异质小组内的不同个性学生会彼此吸引，通过物理实验、知识竞答等活动增加学生的课堂体验，增强情感。

（3）开放教学或现场教学

开放教学或现场教学最有利于激发学生的兴趣，增强学生对物理过程的感受和体验。

（三）改善初中物理教师对学生科学行为倾向的培养

学生科学行为倾向的培养是建立在学生具有合理的科学认知和积极的科学情感的基础上的。

1. 从教学环节入手

对于学生行为倾向的培养可以分布在教学的以下环节：一是预习环节，课前学生自主学习阶段有助于学生养成良好的行为倾向。教师在预习提纲中学习目标和方法的设计，指引学生学习的方向，相当于明确了应该要有的学习的行为倾向。二是布置课后作业环节，布置物理学生实验、演示仪器制作、课外观察活动等，学生可以亲自动手学习物理，引导学生主动地学习物理的行为意识。

2. 从教学内容入手

一是初中物理课程标准要求的基本内容与各学科之间相互联系与渗透，有助于改善教师对学生行为倾向的培养。二是初中物理课程标准要求的基本内容与学生身边生活、STSE紧密联系，有助于改善教师对学生行为倾向的培养。三是重视科学探究内容，改善教师对学生行为倾向的培养。

3. 从教学形式入手

（1）个别教学

教师对学习目标不清晰的学生进行单独的指导，具有针对性，让学生可以初步依从教师引导的行为倾向。

（2）开放教学或现场教学

学生亲临物理实践的场所，开阔学生学习物理的思路，启发学生对物理进行积极的思考，激励学生能够为自己的物理学习提出方向性的目标，从而激发学生的行为倾向意识。

第三节　科学态度的教育评价构建与初探

一、教育评价的指标体系

（一）科学态度

第一，实事求是，不主观臆断。不带任何先验成分去探求事物的规律，不弄虚作假。可让学生做"测量当地重力加速度"的实验，看学生的实验结果是否就是$9.8m/s^2$。

第二，严谨踏实，勤奋努力，一丝不苟，精益求精。从学生提出问题的内容上来反映。是否不仅问习题，而且经常问及课本或其他书籍中的某句话的含义和作用等。

第三，宽容与合作。学术自由必然导致差异和分歧，而稳定进步的社会又必须把观点各异的人黏和在一起，因此宽容就成为科学不可或缺的价值。科学中的宽容是一种积极的态度，其精神实质在于：不仅对他人的观点予以承认的权利，而且还要认为他人的观点是有趣的和值得尊重的，即使认为它是错误的，因为在科学探索中犯错误是不可避免的，这是由科学和人的本性决定的。相互协作是现代生存的重要方式。在学生中表现为是否团结他人，是否细心谨慎，是否乐于与成绩差异大的同学合作。

第四，独立性和独创性。科学以追求真理为目标，由于真理不是教条而是过程，追求真理的人必须是独立的。科学把对独创性的热爱作为独立性的标志，科学发现必须具有独创性。对学生反映在作业是否独立完成，有问题是否敢于独自找老师甚至其他老师帮助解答，能否独立地探求新的知识。

第五，胜不骄，败不馁，具有坚强的意志品质。对成功不自满，能承受得起失败和挫折的打击。

第六，热情自信，有高度的责任感，乐于参与科学的学习和实践活动，并能从中得到乐趣和满足。

（二）科学的方法

1. 自然观察和实验观察的方法

物理是一门实践性与理论性极强的自然科学，生活中的物理学丰富多彩，用心观察各种自然现象，结合所学知识认真思考，并通过自身的实践活动去有意识地对缤纷的自然现象加以归纳、提炼和复制，透过现象发现事物之间的因果关系和本质联系。如用两手拉一测力计与将测力计一端固定，拉另一端，将实验现象与理论分析两对作用力与反作用力相结合。这是纠正错误"经验"的有效方法。

此项评价可通过对学生实验的观察、实验报告等材料来进行：①实验的态度和兴趣，在实验之前是否具有亲手去做、亲身去体验的意向。②实验是否有计划，计划是否符合操作要求？③实验器材使用是否正确、熟练？④实验现象与数据的观察和记录如何？⑤对实验结果的解释、概括和应用能力如何？

2. 思维方法

① 辩证思维是科学的逻辑思维。归纳和演绎是认识过程中的两种推理形式。归纳是从个别到事实走向一般的结论、概念，演绎是从一般原理、概念走向个别的结论。归纳和演绎是对立统一的关系，相互依赖、相互促进。

分析和综合是在认识过程中比归纳和演绎更加深刻的认识方法。分析是在思维中把认识的对象分解为不同的组成部分、方面、特性等，对它们分别加以研究，认识事物的各个方面，从中找到事物的本质。综合则是把分解出来的不同部分按其客观的次序、结构组成一个整体，从而达到认识事物的整体。分析是综合的基础，综合是分析的完成。没有分析就没有综合，离开了综合的分析也不是科学的分析。

② 直觉思维方法。直觉思维是一种跳跃式的具有突发性的思维方法，难以捉摸和驾驭，直觉类似于灵感、顿悟、奇妙启示等，这是一种创造性的思维方式。直觉思维的产生，是人们以探索者的身份去探索、去求证。对于学生在物理解题思维中的创新性、开拓性、突破性，主要是通过直觉来实现的。

3. 研究问题的方法

①理想模型。为研究问题的方便，简化一些条件，把特定的物质运动加以抽象，确定理性模型，从而形成概念，提取规律。如"摩擦力""浮力"等。

②等效替代法。③类比推理法。④理想实验法。⑤控制变量法。

要评价对研究问题的方法的拿捏程度，应尽量将各种研究问题的方法抽出来，进行测验，然后将每人对问题的处理方法加以分析，即可达到评价的目的。

4. 解决问题的习惯

对解决问题"习惯"的评价可从以下几项来进行。①在选择从何入手的要点上是否果断？②是否能集中注意力于所要解决的问题，较少注意那些与问题无关的方面？③是否有主动而有力的探索精神？是否凭印象办事？④进行问题探索时是否仔细有条理？⑤对自己解决问题的能力是否充满了信心？⑥在某一条推理的思路受阻时，能否很快转换思维"路径"？

（三）科学的价值观

科学知识，尤其是作为其核心的科学思想，能开阔人的心胸，扩大人的视野，启迪人的心智，是愚昧的天敌、教条的对头、迷信的克星。作为知识体系的科学具有信念价值和趋向价值。

1. 科学的信念价值

①初步确定物质第一性的观点，承认自然规律的客观性。②树立相信科学的信念，反对迷信，树立尊重事实、尊重客观规律的观念。③承认自然界是运动变化的，确定用发展的眼光看问题的观点。④承认科学理论的相对性，初步懂得人类认识的局限性和认识过程的无穷性。⑤了解人类必须为科学不断探索、不断奋斗。

2. 科学的取向价值

①初步认识科学在人类文明与进步过程中的伟大作用与贡献。②确定"科学即是生产力"的观点。③了解科学发展的负效应，认识社会的发展带动"可持续发展"之路。④正确对待科学发展成果，反对利用科学成果危害人类社会。⑤逐步做到坚持真理，修正错误，扶真去谬，弘扬科学精神。

由于科学态度是人对待科学的一种心理倾向，对科学态度的评价，既要注重教师在教学过程中是否体现和渗透了上述科学态度中的各项内涵，又要注重学生在学习过程中是否初步形成优良的科学态度，这些既有课堂内的内容，又有课外、校外和社会实践的活动。教育工作是教师与学生、学校和社会相关的系统工程，教师自身的科学素养会使学生产生共鸣，起到潜移默化的教育作用。为使评价尽可能客观、全面，可采用问卷评价和师生民主评议相结合的方式，为培养出高素质的未来的科技人才而努力。

二、初中生科学态度的测评框架构建

从对于初中生的科学态度进行测评的具体实施和主要内容来看，其核心部分便是测评指标体系，对于最终测评结果的可靠性、公平性、有效性等具有一定的决定作用。

（一）初中生科学态度测评框架构建的方法

1. 头脑风暴法

头脑风暴法是美国人亚力克·奥斯本提出来的，主要是指集中小组中全体成员的智慧与力量针对某一事物或者问题进行思维碰撞，从而找到创造性、新颖的观念和想法的思维方式。从这一界定来看，头脑风暴法的主要形式就是小组会议，将本专业的研究者集中到一起，针对某一问题畅所欲言，每个人都将自己的想法表述出来，然后对其进行整合，找出最适合的方法。如在《科学之旅——有趣有用的物理》课上，为能更好地展示物理的有趣有用性，笔者设计了几个实验，其中一个是冷水"烧"开水实验：先是用酒精灯把烧瓶里的水烧沸腾后，从火焰上拿开烧瓶，水会停止沸腾，迅速塞上瓶塞，把烧瓶倒置并向瓶底浇冷水，烧瓶内的水会再次沸腾。实验中，在用酒精灯烧开水时，用了较长时间。因此，课堂组织学生展开"头脑风暴"，议题是：请你想办法尽快地使烧瓶内的水沸腾。学生想出了好多方法。例如，烧瓶内少放些水；烧瓶内放温度较高的热水后再烧；把酒精灯的火拨大些再离烧瓶近点；给烧瓶盖上塞子再烧；换用酒精喷灯；用两个酒精灯一块烧；给烧瓶周围包上保温材料；等等。头脑风暴法强调集体智慧，是对其的认可与肯定，在面对某一复杂困难的问题时，如果能够将大家组织起来进行集体商讨和探索，充分发挥集体作用，就有利于创造性想法的形成。

2. 分析归纳法

所谓分析归纳法，就是充分利用分析、判断等手段将大量事实抽象概括为一般理论认识的方法。简单来说，就是在个别性理论的基础之上概括出一般性理论，从个性化事物认知中获得一般性结论的方法和过程，是开展科学研究的时候经常用到的一种逻辑分析方法。如针对一项考试题目（表8-1），在表中空格处填上合适的单位。

表8-1　物理试题节选

公式	单位
$v=\dfrac{s}{t}$	m/s
$\rho=\dfrac{m}{v}$	kg/m^3
$\alpha=\dfrac{\Delta v}{\Delta t}$	

显然，加速度公式是初中生未接触过的，因此，加速度的单位肯定不在学生的知识范围之内，但通过对初中物理量复合单位的研究，学生可以分析每一个单位是如何得出的，从而归纳出复合单位的得出规律，进而推理出加速度的单位。这是很好的培养学生归纳推理能力的方式，用这样的评价可以引导教师在教这些知识点时不再孤立地教，而是寻求一种规律，以培养学生自我归纳推理的能力。

在构建初中生科学态度指标体系的过程中，分析归纳法主要是用于修改和完善阶段，主要是将讨论获得的观点和看法进一步地归纳和总结。

3. 专家咨询法

所谓专家咨询法，就是针对某一事物或者问题，按照一定的程度向这一领域的权威、专家寻求帮助，在其支持和引导下实现有效决策的方法。对于初中生科学态度测评框架建构而言，涉及的专家包括教育部门的相关工作人员、科研工作者、理论界的权威专家以及经验丰富的教职工等。专家咨询法主要包括个别访谈、座谈讨论以及问卷咨询三种基本形式。

为了便于测量与分析，可提取以下三个方面作为衡量的指标：其一，对物理课程的态度，主要指学生对物理课程功能的认识、学习物理课程的必要性等；其二，学习物理课程的感受，主要指学生对物理课程是否感兴趣、对科学课程学习的动机、对科学课程学习能力的自信、对科学教育必要性的认识等；其三，对科学与技术的看法，主要是指学生对科学技术在社会中的作用和角色的看法；初测问卷从"对物理课程的态度""学习物理课程的感受""对物理科学与技术的看法"三个维度设计问题，以了解学生物理科学态度的程度。

（二）初中生科学态度测评框架的构建

1. "科学态度"测评指标

随着科学的不断发展和技术水平的不断提高，现代社会也在不断前进和发展之中。由此可见，科学和技术在社会发展中起到重要的推动作用，对于未来社会而言，其中的生产力和创造力的发展都是需要科学家和工程师知识与态度等支持的。表8-2展示了初中生科学态度评价量表。

表8-2　初中生科学态度评价量表

一级指标	二级指标	强显示	弱显示	无显示	负显示
Ⅰ类积极实践的态度	喜欢动手做实验	3	2	1	0
Ⅱ类科学价值观	认为科学对人类的生存和发展有有利的一面，也有有害的一面	3	2	1	0
Ⅲ类热爱科学的态度	①喜欢学习科学	3	2	1	0
	②对于科学及与科学有关的活动感兴趣	3	2	1	0
	③能自觉主动地参与学习科学	3	2	1	0
	④能接受科学探究为一种思考的方式	3	2	1	0
	⑤对于观察到的现象，渴望获得其解释	3	2	1	0
	⑥在学习和探索中有与别人交流、讨论的愿望	3	2	1	0
Ⅳ类实事求是的态度	接受实践是检验理论是否正确的标准	3	2	1	0
Ⅳ类	①愿意维护客观事实、客观数据的权威性，不弄虚作假	3	2	1	0
	②不接受违背科学精神、科学常识的现象	3	2	1	0
总评					

注：总评得分为各项得分之和。

2. "对科学本体的态度"测评指标

基于初中生的认知特点、已有知识经验和初中各理科课程标准的要求，"对科学的态度"维度选取了对科学知识的态度、对科学活动的态度和对科学事业的态度三个二级指标。其中，对科学知识的态度中将科学知识分为科学知识的形态、科学知识的地位、科学知识的特点三个观测点，评价初中生对这三个方面的态度；对科学活动的态度中将科学活动分成科学活动的形式、科学活动的特点、科学活动的方法三个观测点，评价初中生对这三个方面的态度；对科学事业的态度中将科学事业分成科学共同体、科学伦理与道德、科学与社会、科学政策、科学组织与管理五个观测点，评价初中生对这五个方面的态度。

3. "对科学学习的态度"测评指标

对科学学习的态度包括对科学学习目的的态度、对科学学习价值的态度和对科学学习方式的态度三个二级指标。其中，对科学学习目的的态度将科学学习目的分成得到奖励、了解未知、解决问题、兴趣爱好、拓宽视野共五个观测点，评价初中生对这五个方面的态度；对科学学习价值的态度将科学学习价值分成提高能力、培养思维、增强理解、学会生活共四个观测点，评价初中生对这四个方面的态度；对科学学习方式的态度将科学学习方式分成看电视、搜索网络、阅读书籍报刊、参观科技馆、参加科学俱乐部五个观测点，评价初中生对这五个方面的态度。

初中生科学态度测评指标包含了三个一级指标，分别是科学的态度、对科学本体的态度和对科学学习的态度，针对每个一级指标分别给出了具体的行为和态度方面的表现，将隐性的态度展现出来，作为科学态度评价的依据。

参 考 文 献

［1］张军朋.中学物理科学探究学习评价与案例［M］.北京：北京大学出版社，2010.

［2］张遥.中学物理科学思维方法［M］.哈尔滨：黑龙江科学技术出版社，1998.

［3］刘长欣.初中物理实验教学指导书［M］.北京：教育科学出版社，2010.

［4］林崇德.面向21世纪的学生核心素养研究［M］.北京：北京师范大学出版社，2016.

［5］蔡亚.初中物理课堂中学生科学态度的培养研究［J］.科普童话，2016（24）：8.

［6］李润洲.继承与超越："三维目标"与"核心素养"的异同辨析［J］.当代教育科学，2016（22）：11–16.

［7］王慧君.科学探究教学设计：依据、实施与评价［J］.中国电化教育，2013（09）：102–106+126.

［8］蒋永贵，项红专，金鹏.科学探究教学评价体系的构建与实践［J］.课程·教材·教法，2005（12）：60–64.

［9］刘晓燕，邓麦琴.物理教学技能的形成阶段与特征［J］.陕西师范大学继续教育学报，2003（04）：108–110.

［10］孙海兵.基于物理学科核心素养谈创新实验教学［J］.数理化学习（教研版），2019（02）：53–54.

［11］蔡铁权，郑瑶.物理概念的内涵、层次和架构：关于物理概念教育的思考［J］.物理教学，2019，41（06）：2–5+70.

［12］何临红.基于核心素养的中学物理实验教学策略研究［J］.当代教研论丛，2019（11）：32.

［13］李岩.初中物理学科核心素养的要素分析［J］.辽宁教育，2017（03）：37-39.

［14］孙勇.积极实施新课程理念：谈初中物理教学技能的运用［J］.教育实践与研究（B），2014（05）：37-38.

［15］余文森.从三维目标走向核心素养［J］.华东师范大学学报（教育科学版），2016，34（01）：11-13.

［16］冯华.以物理概念统领物理教学［J］.课程·教材·教法，2014，34（08）：70-73+85.

［17］殷小慧.在物理概念教学中培养学生的科学思维能力［D］.上海：上海师范大学，2018.

［18］赵志成.培养高中学生物理核心素养的教学设计研究［D］.扬州：扬州大学，2018.

［19］李红霞.初中物理实验教学存在的问题及对策研究［D］.武汉：华中师范大学，2014.

［20］牛春虎.基于标准的初中物理教学设计策略［D］.济宁：曲阜师范大学，2013.

［21］郭庆.基于核心素养培养的初中物理创新实验实践研究［D］.重庆：西南大学，2020.

［22］邱欣连.基于核心素养的初中物理科学思维培养策略研究：以县级普通中学为例［D］.南昌：江西师范大学，2020.

［23］焦振兰.基于物理核心素养的高中物理概念教学设计研究［D］.兰州：西北师范大学，2020.

［24］梁旭.科学思维素养在初中物理教材中的体现研究［D］.开封：河南大学，2020.

［25］刘晓彤.基于物理核心素养的高中物理教学设计研究［D］.大连：辽宁师范大学，2018.

［26］刘增泽.初中物理核心素养之内涵与实践路径初探［D］.上海：上海师范大学，2019.

［27］迟立华.中学物理概念有效教学的影响因素及对策研究［D］.石家庄：河北师范大学，2009.

［28］陈玫.基于核心素养的高中物理教学设计研究［D］.岳阳：湖南理工学院，2019.

［29］刘丹.核心素养目标下高中物理力学规律教学研究［D］.芜湖：安徽师范大学，2019.

［30］杨俊龙.深度学习理念下中学生物理科学思维的研究［D］.昆明：云南师范大学，2019.

［31］杨昆党.基于物理核心素养的高中生科学态度与责任调查研究［D］.兰州：西北师范大学，2019.

［32］张路.初中物理教学情境创设的问题及对策研究［D］.开封：河南大学，2013.

［33］曹璐璐.基于科学方法教育的中学物理教学设计研究［D］.长春：东北师范大学，2013.

［34］梁凯凯.基于化学学科核心素养的解题策略研究：以"氧化还原反应"为例［D］.汉中：陕西理工大学，2020.

［35］魏晓东.初中生科学态度测评工具开发与验证研究［D］.长春：东北师范大学，2019.